世界にひとつだけの「カワイイ」の見つけ方

増田セバスチャン
Sebastian Masuda

サンマーク出版

Introduction

FFEE

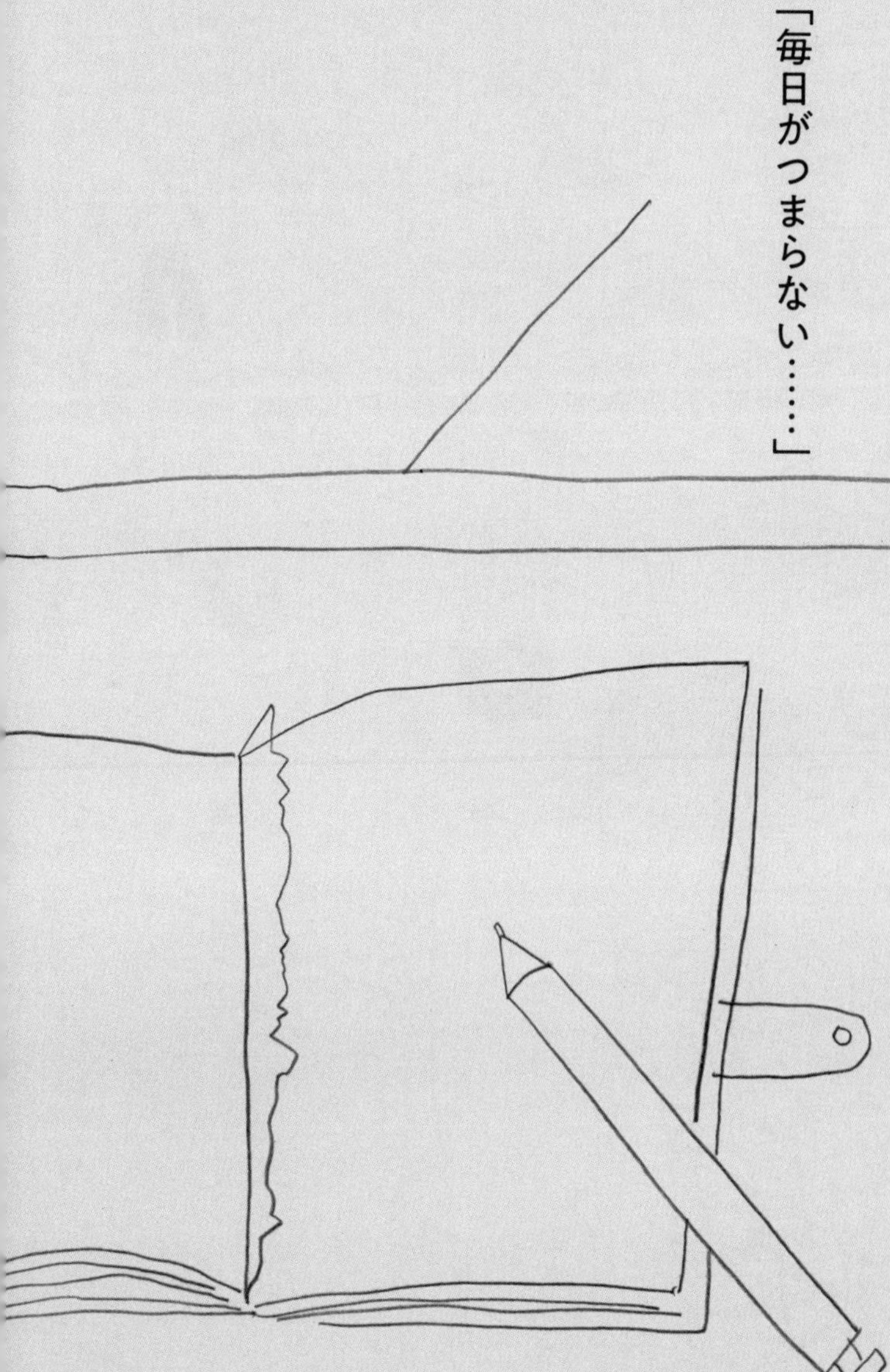
「毎日がつまらない……」

FRUITS
DONUTS
「将来に希望がもてない……」

「自分に自信がない……」

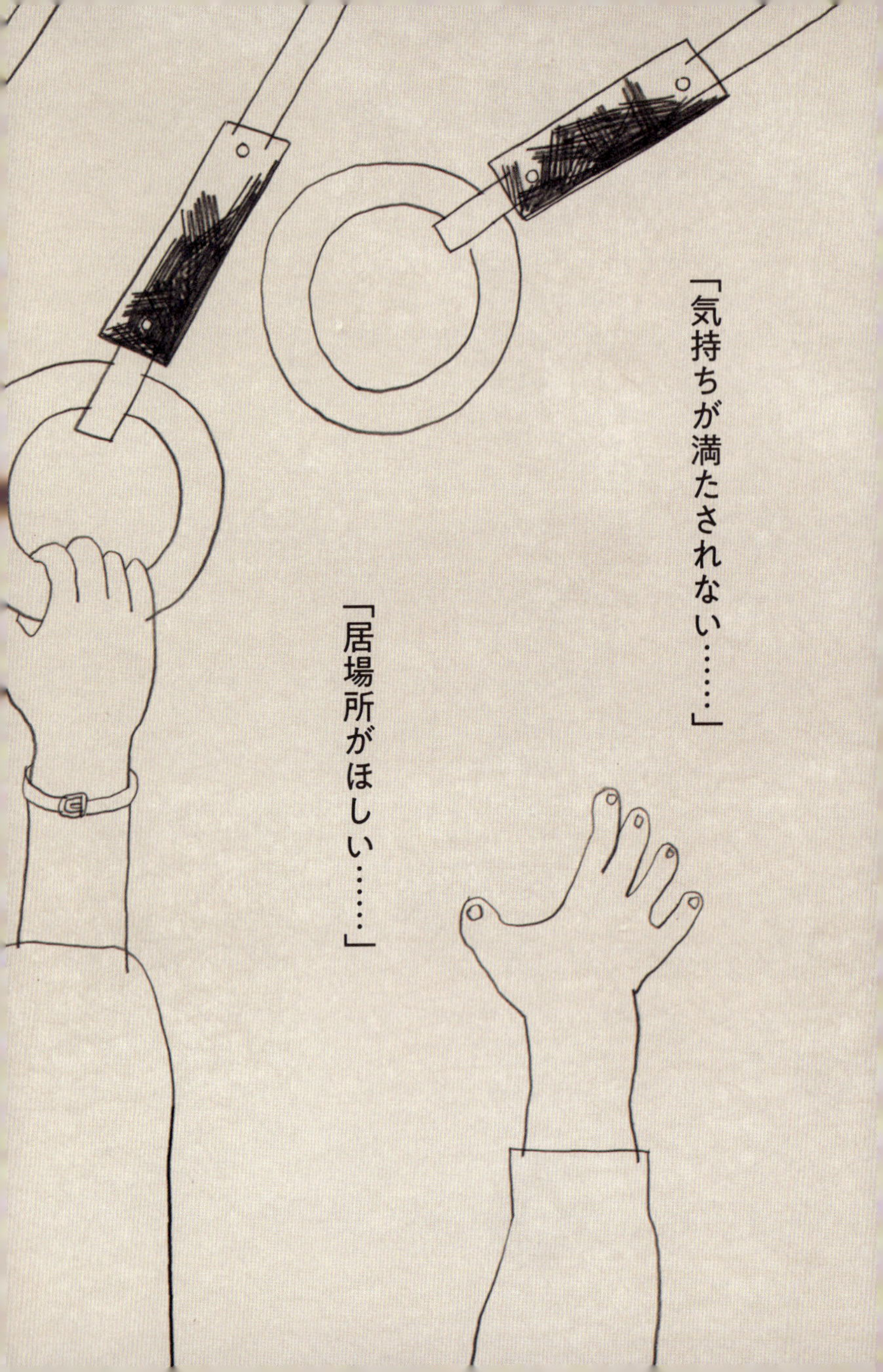
「気持ちが満たされない……」
「居場所がほしい……」

「やりたいことを見つけたい……」

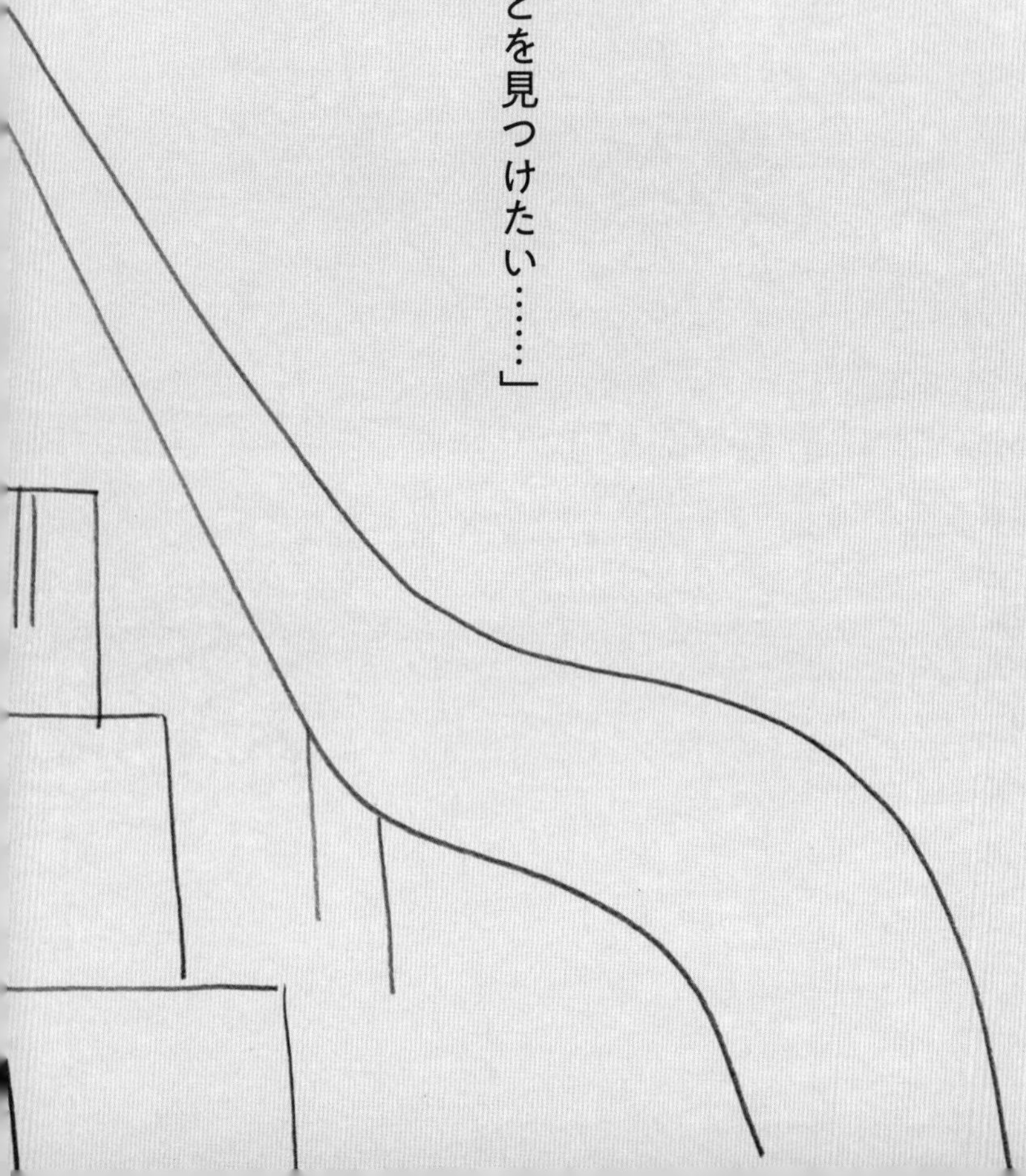

「もっと認めてほしい……」

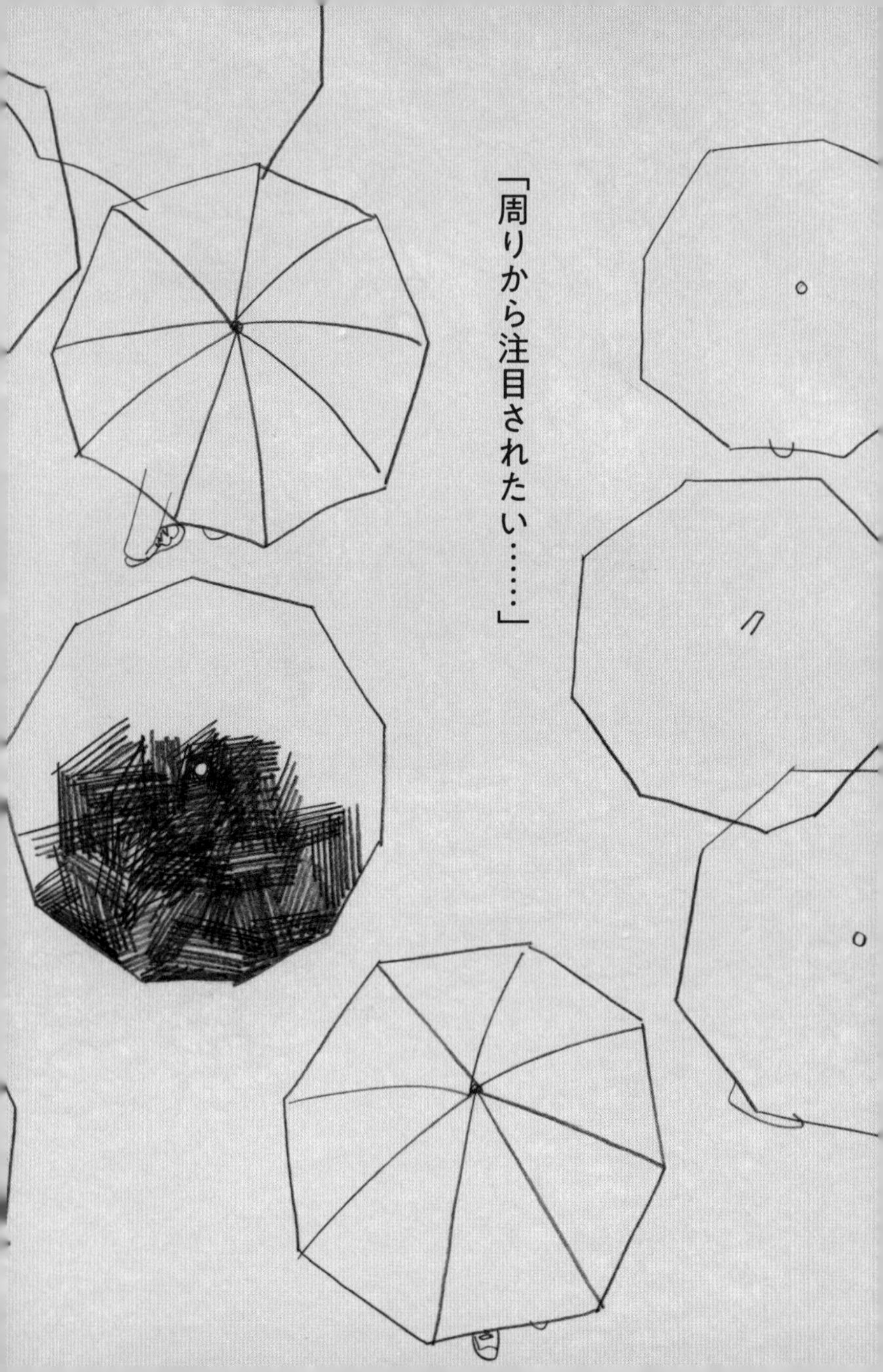
「周りから注目されたい……」

「自分を好きになりたい……」

「自分らしく、

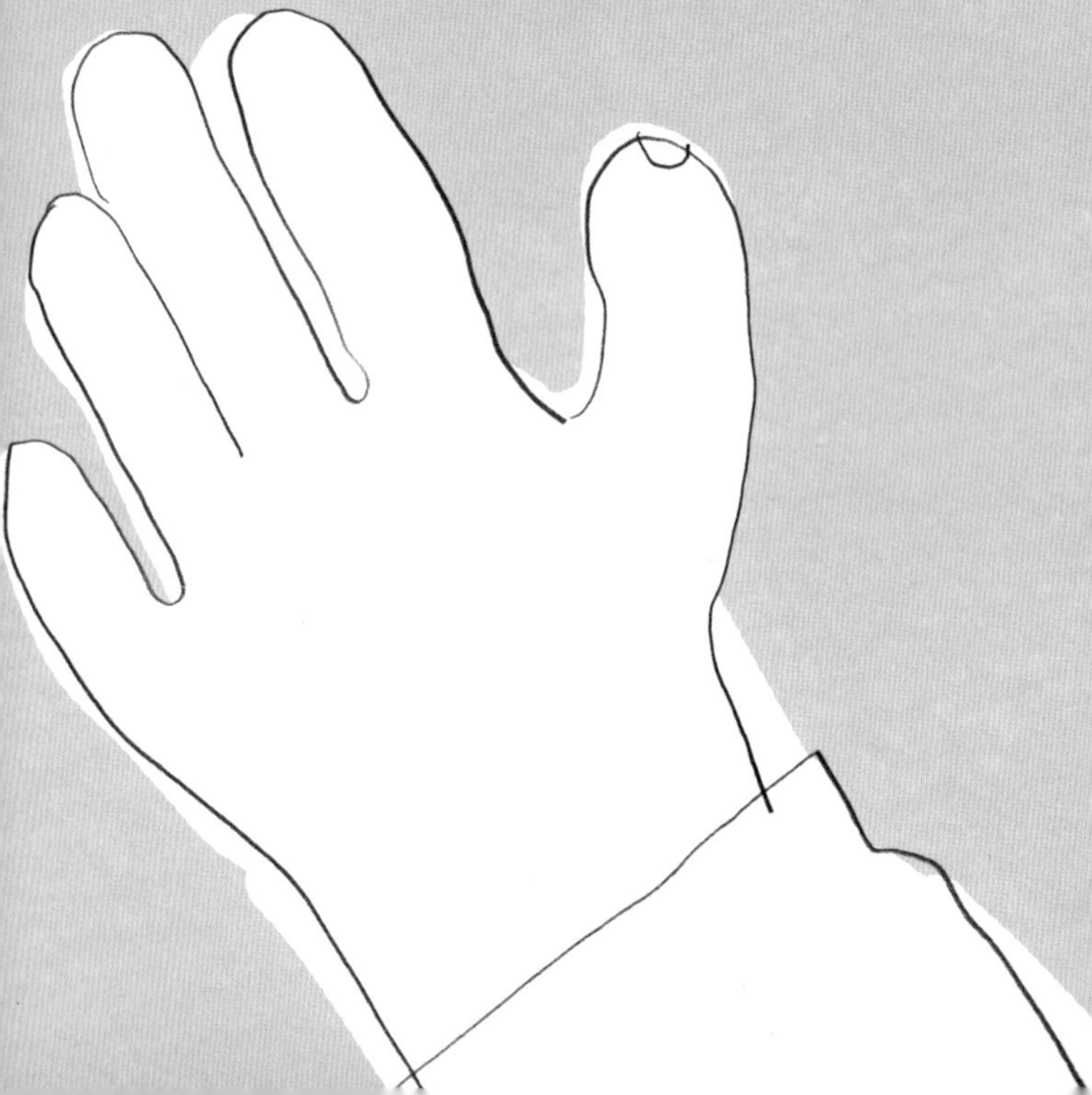

生きたい。」

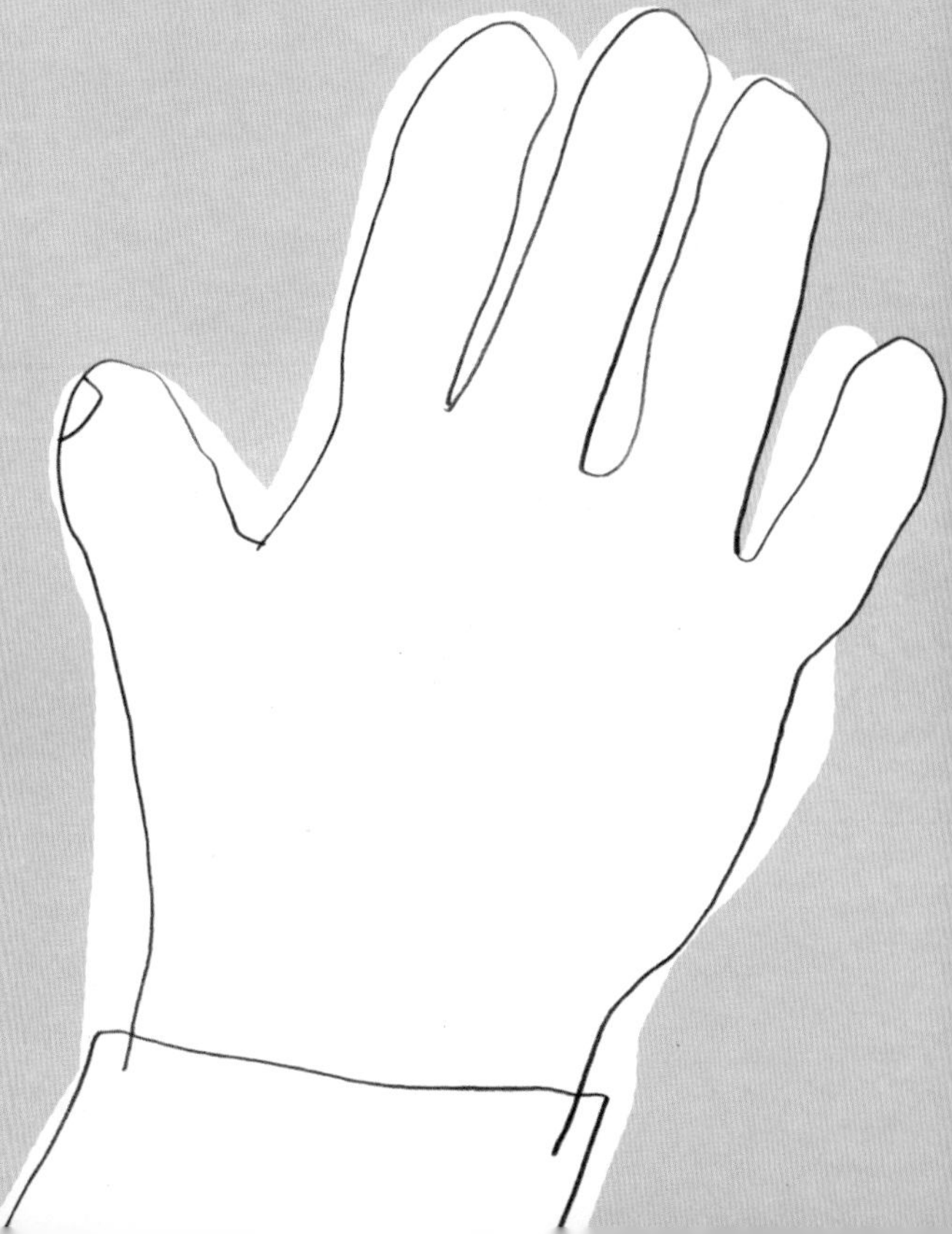

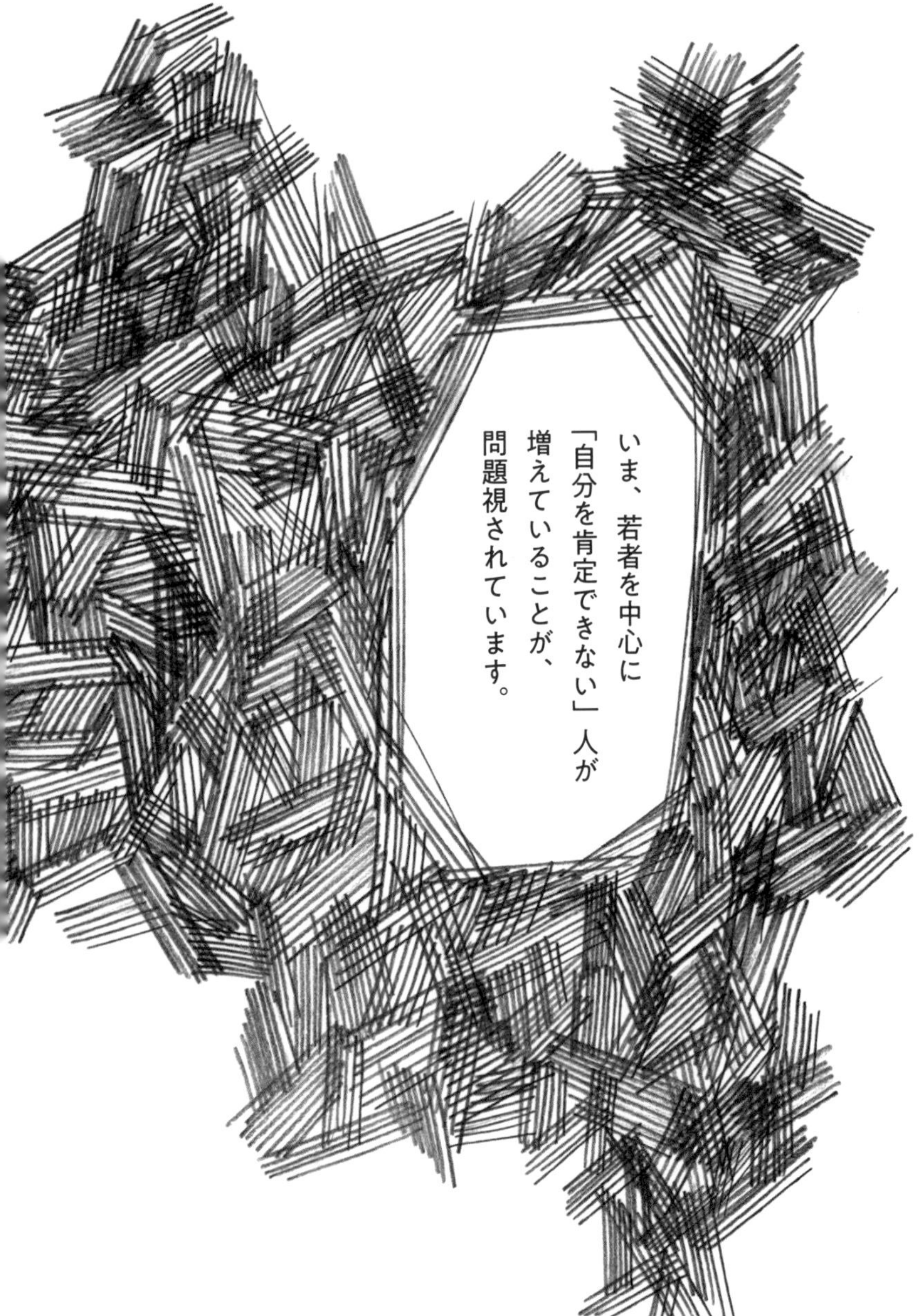

いま、若者を中心に
「自分を肯定できない」人が
増えていることが、
問題視されています。

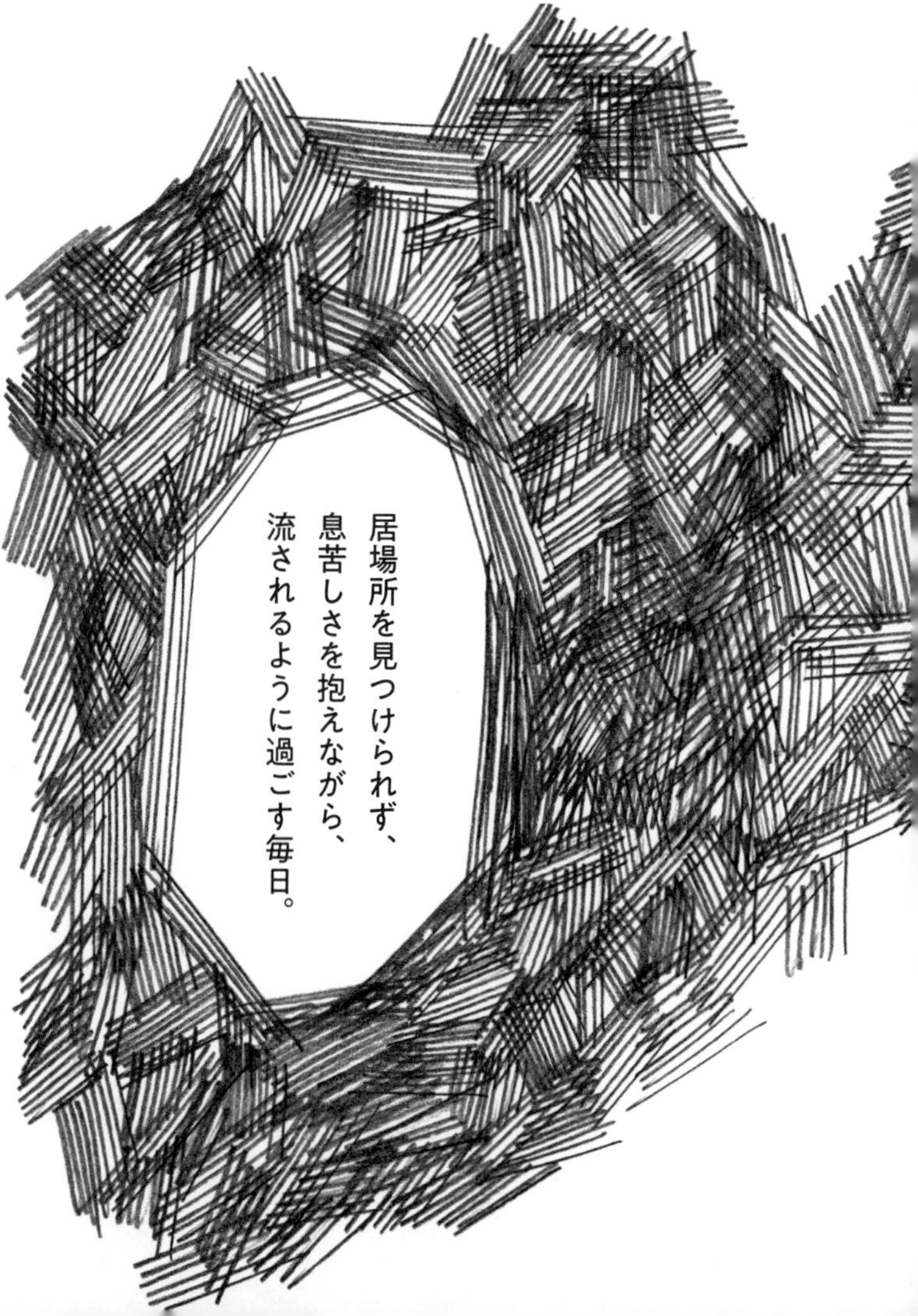
居場所を見つけられず、
息苦しさを抱えながら、
流されるように過ごす毎日。

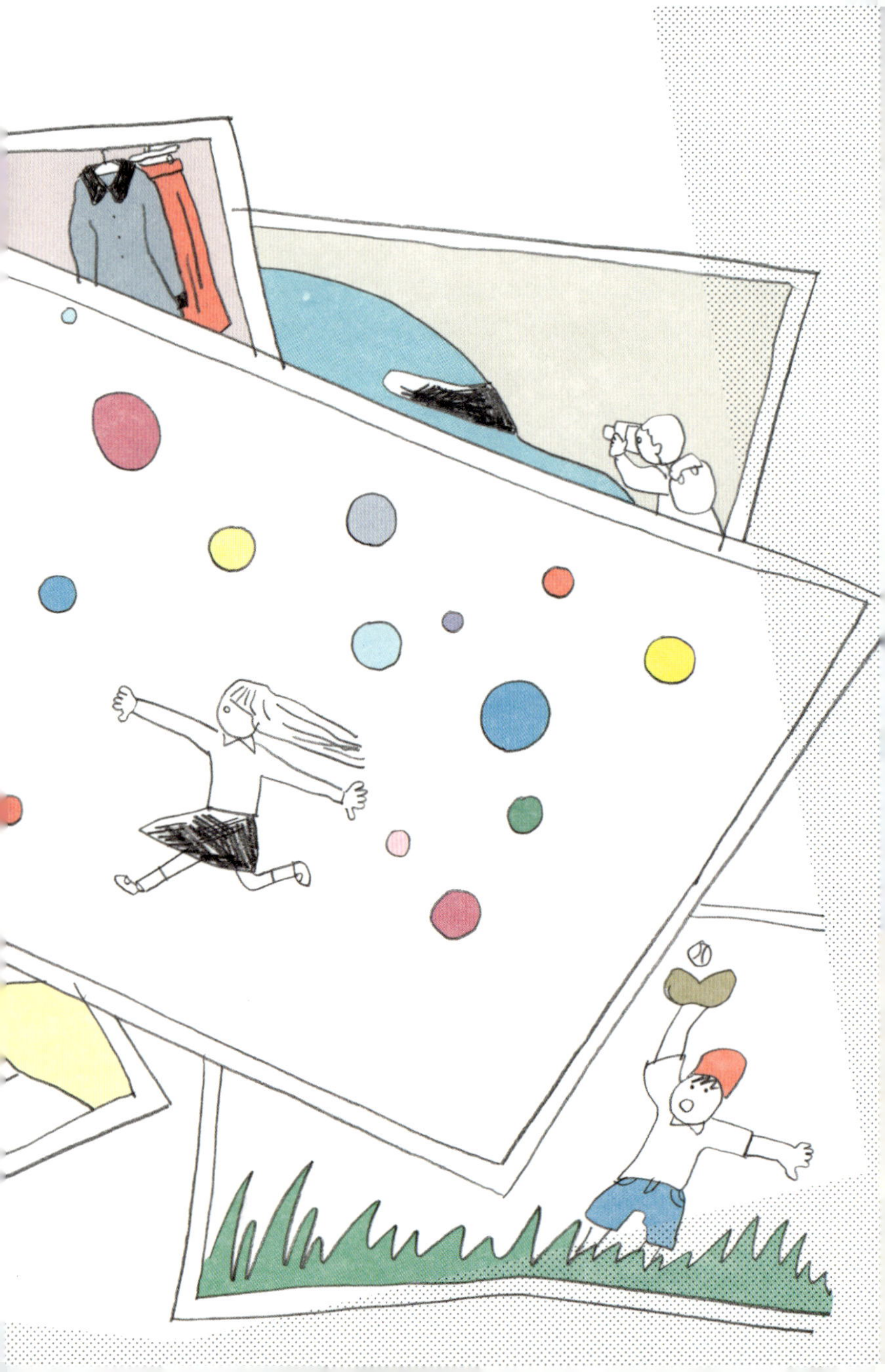

小さいころは、もっと自由だった。
もっと、好きなものがたくさんあった。
もっと、自分に素直だった。

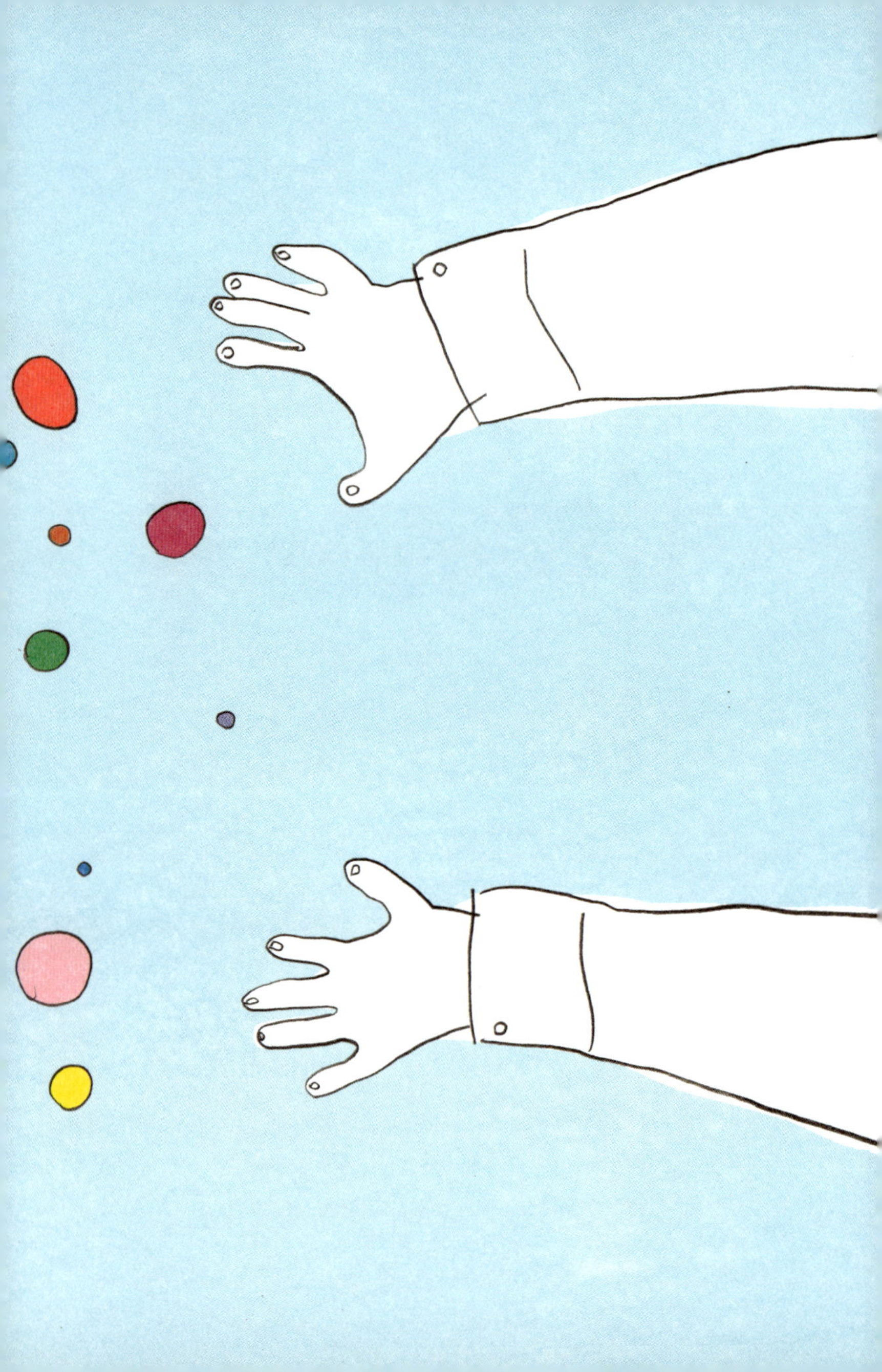

そうした、だれもが記憶の片隅に押しやって
忘れかけている「あのころ」の力を
ひと握りでも取り戻すために、
注目を集めているキーワードがあります。
それが——

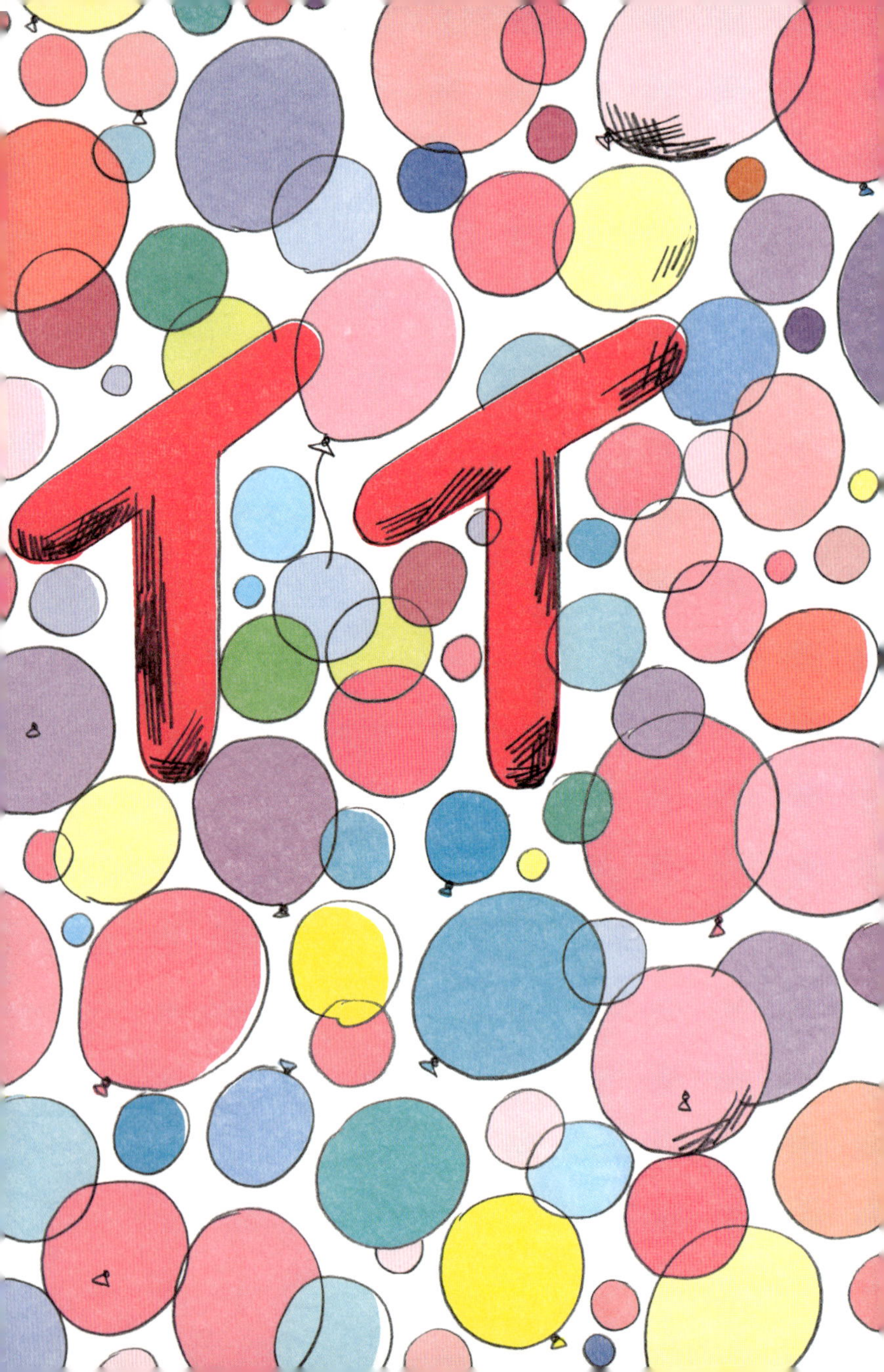

カワ

「カワイイ」はいまや、
もとの日本語の枠組みをかるがると乗り越えて、
「MOTTAINAI」や
「WABI-SABI」などと同じように
「KAWAII」という
世界共通の言葉になりつつあります。

身近すぎるがゆえに、その魅力に
気づかない日本の人たちに先んじて、

海を渡り、国境を越え、国籍や人種、
性別の違いをも無化して、
世界中の人たちの心をとらえ始めているのです。

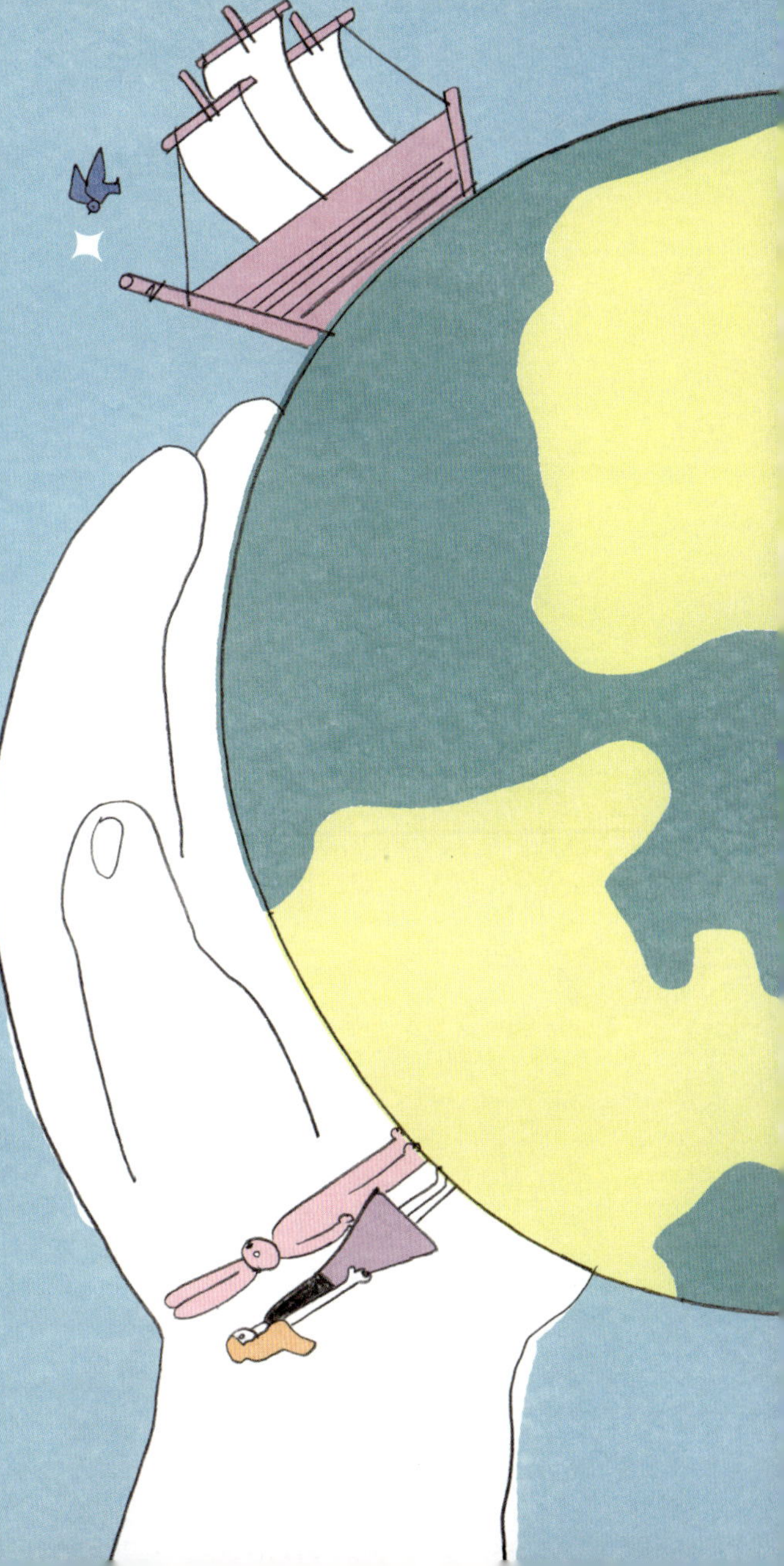

「KAWAII《カワイイ》」がもつ、
人の心を強く惹きつけ、変えていく力。
その存在にいち早く気づき、
世界に広がるムーブメントとして
先頭で舵を取り続けてきた増田セバスチャンが、
これからあなたに「自分らしく生きる」
とっておきのヒントをお渡しします。

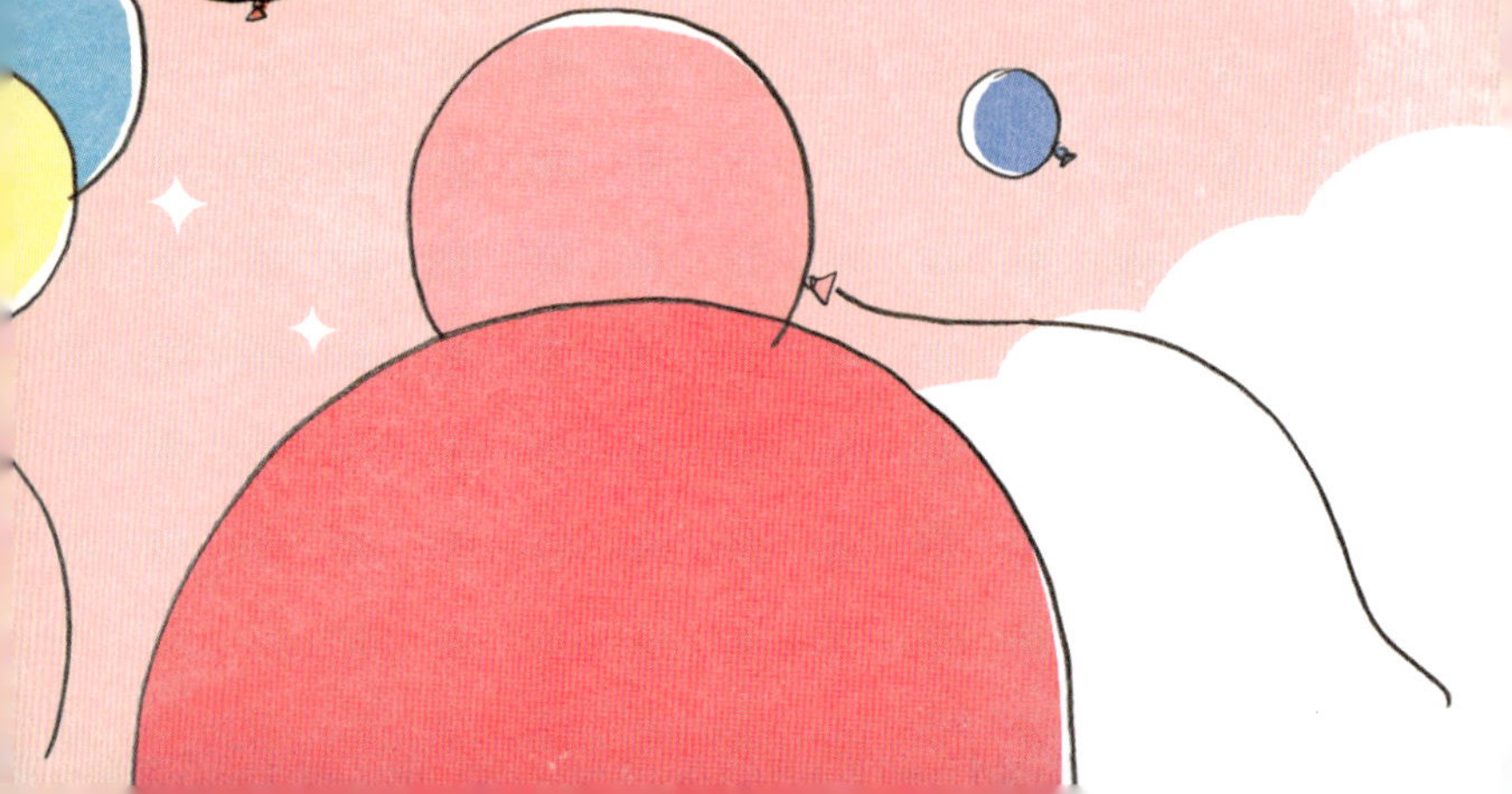

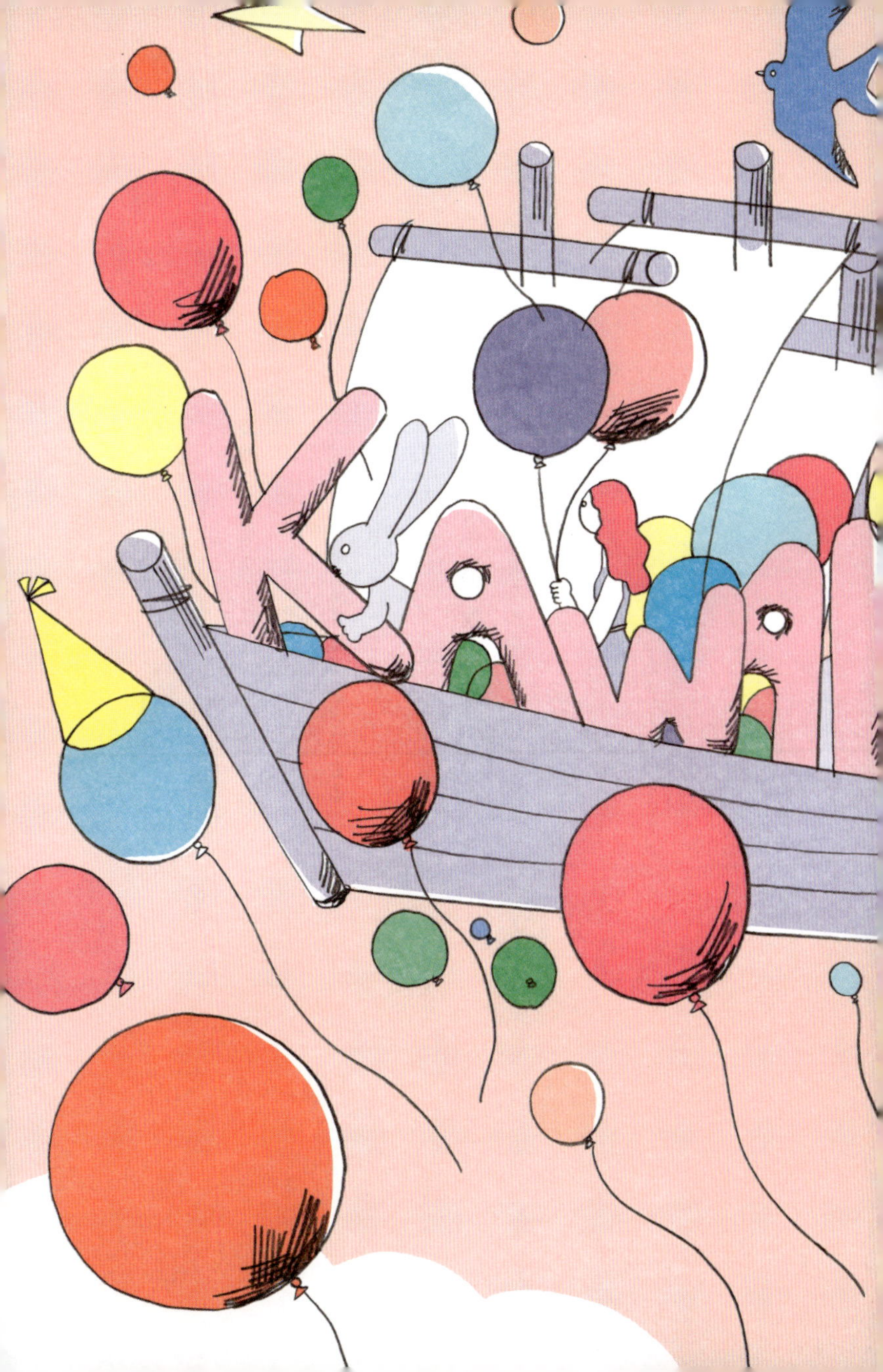
KAWAI

CONTENTS

PROLOGUE

Introduction

真っ暗な世界に「色」が灯るとき

そのとき、子どもたちに「笑顔」が咲いた ―― 38

「無地」の文房具にはない不思議な力

「カワイイ」には無限の可能性がある

未来を、世界を、変えることはできるか

カラフルさの中に秘められた「毒」 ―― 47

若者たちはなぜ、「原宿」を目指すのか？

はなやかさの裏に潜む「生きづらさ」

「カワイイ」は裏と表が合わさって初めて成立する

世界でいちばん「自由」で「カラフル」な国？

自分だけの「カワイイ」を見つけることから始めよう ―― 58

童話映画が照らし出した大人の「子ども心」

そもそも「カワイイ」ってどういうこと？

世界にひとつだけの「色」を見つけよう

1人ひとりの「自分らしさ」が世界を変える

CHAPTER 1

「カラフル」が秘めた不思議な力

あなたの本当の「色」は何色ですか？ 70
子どものころは、すべてがカラフルだった
心に「革命」を起こす、いちばんシンプルな方法 77
「見られる」意識が外見も内面も磨いてくれる
「人は見た目が9割」といわれる本当の意味 83
「声なきメッセージ」を発する唯一の手段
「カラフルなファッション」が希望をもたらした 89
「できないこと」よりも「できること」に目を向ける
「明日がこない」としたらいま、何をすべきか？
裏通りに生まれた色彩あふれる「発信基地」 98
海の向こうで待っていたのは「想定外」の試練だった
「どこにでもあるもの」V.S.「どこにもないもの」
「面白さ」は「クレイジーさ」から始まる 106
「ブレない」軸のもとに人は集まってくる
「お客さんの来ない店」から「ポップカルチャーの聖地」へ

CONTENTS

CHAPTER 2

「光」と「影」が人の心を強くする

「影」があるから「光」は存在できる —— 114
「自分の居場所」を求めて原宿に通った10代
1人では抱えきれない「孤独」を持ち寄って
どうすれば「ふつう」に生きられますか？ —— 121
「自分だけは違う」という思いの裏に隠された本音
「理想」とかけ離れた「現実」を乗り越えるために
抜け出したくても抜け出せない「負のスパイラル」 —— 129
そこには「残酷な現実」が待っていた
1冊の「本」との出会いが人生を変えた —— 134
「人と同じ生き方をする必要はない」
もがいた末にたどり着いた「自分の居場所」 —— 139
「増田セバスチャン」はこうして生まれた
どうすれば「色のない」世界で自分を表現できるか？
「当タリ前」ニモ負ケズ、「批判」ニモ負ケズ
人生に「正しいコース」なんて存在しない —— 148

コンプレックスは必ず「強み」に変えられる
「ダメな自分」からスタートしよう　155
「ないもの」に目を向けている間は1ミリも動けない
「魅力」にするか、「欠点」にするかは自分次第

CHAPTER 3
「カワイイ」で世界は変えられる！

世界共通の言葉になりつつある「KAWAII」　164
海外から見た「日本」はどんな国か？
「おおらかさ」によって育まれたオリジナリティ　170
世界トップクラスの「アレンジする力」
カワイイに魅了される「男性」が増えている理由　176
返ってきたのは「予想外」の反応だった
最高に自由だった「子ども時代」の感性を取り戻せ
だれの中にも、もともと備わった「魅力」がある　185
日本の伝統文化に息づく「カワイイ」の色合い
「気持ちのわるさ」なくして「カワイイ」は成立しない　194
大切なものを「なかったこと」にされないために

CONTENTS

「にがい」部分があるからおいしく味わえる
「メジャーじゃない」からこそ変化の主役になれる　201
「再生回数1億回」の動画に込めたメッセージ
相手を「ドキッとさせる」仕事の流儀
目の前のことに100パーセントの力を注ぐ
チャンスはいつも「1回限り」しかやってこない

CHAPTER 4
本当の「自分」に出会うために

海外から火がついた「カワイイ」ムーブメント　216
なぜ、「カワイイ」を広めるワールドツアーに出たのか？
世界中の若者から寄せられた熱いメッセージ
ムーブメントを一過性の流行に終わらせない
社会の暗い現実に「NO」をつきつける勇気　225
「カブキ」や「キモノ」とは違った「いまの日本」の魅力
「文化のミックス」が新たな文化をつくり出す
迷ったときは「やる」ほうを選ぶ　235
「襲ってきた」タイミングはためらうことなくつかめ

面倒くさがりのぼくを行動に駆り立てた力
ひとつの冒険が、次の新たな冒険を呼び寄せる

「1歩踏み出す」ことで見えてくるもの —— 247
「偽りの個性」にだまされてはいけない

どうすれば「自分らしさ」を取り戻せるか —— 255
「個性」はこうして奪われていく

心をいつもカラフルに —— 261
自分の「色」をかき乱せ
「ゴール」にはたどり着かなくてかまわない
それは、世界にたったひとつだけの——

EPILOGUE

色をまとい、町へ出よう

「20年後の未来」はどんな色をしているか? —— 270
1人ひとりがお互いの「カラフル」を許容し合う
つまらない毎日を「カワイイ」で塗り替えよう

あとがきに代えて —— 280

真っ暗な世界に
「色」
が灯るとき

PROLOGUE

そのとき、子どもたちに「笑顔」が咲いた

そのとき、子どもたちに「笑顔」が咲いた

――2008年5月。

テレビのニュース画面に、子どもたちが校庭とおぼしき場所に集められた様子が映っていました。

重く沈んだ空気の中、彼らの顔は不安げで、うちひしがれているようにも見えます。

そんなとき、子どもたちに、どこからか寄付されたという「文房具」が配られました。

配られた鉛筆や筆箱、小物ケースはいわゆるキャラクターものの製品で、細かくは確認できなかったのですが、おそらくハローキティやミッキーマウスといった、おなじみのかわいらしいキャラクターがデザインされた品のようでした。

すると……。

それを手にした子どもたちの表情が、まるでつぼみが開いたかのように一変し、とてもうれしそうに、にっこりとした笑顔になったのです。

ある子は静かにほほえみ、ある子ははじけたように顔をほころばせ、それぞれの笑顔が、暗く沈んだ現場を背景に、そこにだけ鮮やかな「色」の光を灯《とも》し出しているようでした。

それを見て、テレビのこちら側にいたぼくも思わず顔から笑みがこぼれました。

「無地」の文房具にはない不思議な力

これは、中国の四川省で大きな地震が起こったときの話です。

死者約7万人というたいへんな被害を出した惨事で、とりわけ学校の校舎倒壊の被害が多く、授業を受けていた生徒たちに犠牲が集中したといわれています。

ぼくはそのとき日本にいて、新聞やテレビを通じて関連の報道に接していましたが、地震発生から何日もたたないうちに、早くも学校が再開されたというニュースが流れてきました。

余震も続き、先生や多くの友だちを亡くしたショックや悲しみが、まだなまなましいさなかでの再開です。

もしかすると、国の内外に向けて「復興」をいちはやくアピールしたい中国政府の思惑もあったのかもしれません。

一連の報道をふり返って、文房具を前に子どもたちがこぼした笑顔を思い出したとき、ふと、ある思いがぼくの頭をよぎりました。

「もし、あのとき配られた文房具が、かわいらしいキャラクターものなどでなく、不愛想な無地の文房具だったら、どうだっただろうか?」と。

おそらく、あれほどまでに子どもたちが喜ぶことはなかったんじゃないか――。

つまりは、文房具にプリントされたカラフルなキャラクターには、子どもたちの悲しみや苦しみを和ませ、疲れた心を癒す一種の不思議な力が宿っていた。

鮮やかな色と、そこに表現される無条件の「カワイイ」には何か、人の心のこわばりや警戒を解きほぐし、不安や悩みをやわらげる力が備わっていた。

ちょうど、生まれたての赤ちゃんのほほえみが、周りの大人たちの心に自然と穏やかな気持ちを運んでくるように。

そう思ったとき、ぼくは「カワイイ」のもつ特別な可能性に気づかされたのです。

「カワイイ」は息苦しかったり、とげとげしかったり、しおれていたりする多くの人たちの心、ひいては世の中そのものに、一灯の「色」を投げかける希望のアイコンになりうるのではないか。そんな確信が胸の中にふつふつと湧いてきたのです。

「カワイイ」には無限の可能性がある

このことはまた、いまや日本のポップカルチャーの発信地として知られている「原宿」という街の価値を、ぼく自身が再発見するきっかけにもなりました。

というのは、四川で地震の起きた当時、原宿はちょっとした停滞ムードの中にあって、若々しく、ポップでカラフルな街の中に、それとは反対の、安価でシンプルさを前面に押し出したお店や商品が流行《はや》っている時期だったのです（当時はまだ文化としての「カワイイ」という言葉はそれほど浸透しておらず、ぼくはそれを表すのに「ラブリー」という言葉をよく使っていました）。

そうしたシンプル志向の波の中で、ぼく自身にも漠然とした迷いが生まれて、自分自身がこれからどう進んでいくべきか、あるいは、自分の活動の拠点としている原宿

という街をどうやって盛り上げていったらいいのか、悩んでいました。

それが、先の四川の子どもたちの笑顔を見たとき、カワイイのもつ力と可能性をあらためて認識できたことで、これからのぼく自身が舵《かじ》を取っていくべき方向も明らかになっていったのです。

それはひとことで言うと「やっぱり『カワイイ』を自分の表現活動の中核に据えていこう」という確信にも似た気持ちでした。

これまでと同じように、これからもカワイイをひたむきに追いかけていこう。追いかけるだけでなく、カワイイの文化を世界に向けて発信し、伝えていく役割を果たしていこう——そんな思いを新たにすることができたのです。

未来を、世界を、変えることはできるか

その思いが6年の歳月を経てひとつ実を結んだのが、2020年の東京オリンピッ

ク・パラリンピックに向けて進行させている**「タイム・アフター・タイム・カプセル」というアートプロジェクト**です。

これは、各都市の美術館などに、ハローキティやテディベアといったキャラクター型の透明のタイムカプセルを設置し、自分にとって思い入れのあるもの、または自分の未来への思いを手紙に書いてもらい、それをかわいらしくデコレーションして、カプセルに納入してもらう……という参加型の作品です。

コンセプトは**『KAWAII』の集合体で世界は変えられるのか?**」。

カワイイという言葉に惹かれてそこに集まる人びとや、タイムカプセルの中に入れられたカワイイもの、未来へのメッセージ。

それらはすべて「希望」という言葉に置き換えられ、いまという時代の空気感ごとアーカイブしてしまうことで、時代に対する閉塞感や人種・宗教・性別・国境などのさまざまなボーダーを乗り越えてしまおう、というのがこの作品の大きな主旨です。

すでにアメリカのマイアミやニューヨーク、ロサンゼルスをはじめ、ロンドン、パリ、

南アフリカ、アンゴラ、ブラジル、ボリビア、シンガポール……など、8か国12都市で開催しており、今後も世界の計10か国で順次行っていく予定です。

2020年のオリンピックイヤーには各都市から集めたカプセルを東京に集結させて、世界の人たちから集まった「カワイイ」ものをいっきょに展示しようと考えています。

世界中の人たち1人ひとりの「カワイイ」をタイムカプセルに詰め込んで、最終的に集結させることによって、カワイイに国境という空間的な制限だけでな

く、時間の壁まで超えさせてしまおう。そのとき、いったい何が起こるのか。

カワイイは暗く沈んだ人の心も明るく色づかせ、その色は1人から2人、2人から3人へと〝飛び火〟して、やがて時間や空間、人種、世代の違いを飛び越えて、点から面へと広がっていく力を秘めている。

その希望のアイコンとしての「カワイイ」の可能性がどこまで広がっていくのかを、自分の表現活動を通じて精一杯見届けてみたい――。

ぼくはいま、そんなことを考えています。

カラフルさの中に秘められた「毒」

カワイイ、カラフル、原宿、ポップカルチャー……おもちゃ箱の中からあふれ出てきたようなキーワードの羅列に加えて、「増田セバスチャン」という一見ふざけた（？）名前。

初めて耳にした人からは「おまえはいったい何者だ！」という声が聞こえてきそうですから、ここで少し、自分のことについてお話ししておきましょう。

先に述べたようなアート活動をしていることから、一般的には「アートディレクター」や「アーティスト」と呼ばれることが多いのですが、ぼく自身、肩書きによるアイデンティティにあまり興味はなく、しいていえば自分が伝えたいメッセージをビジュアル化して、いろいろな方法で世の中に送り出す活動家、みたいな位置づけをイメージしています。

カワイイ文化の先駆者といわれることもあるのは、東京・原宿に6%DOKIDOKIという店を1995年から構えているせいもあるでしょう。

若者向けのカラフルで装飾的な服やアクセサリーを中心に販売している店で、篠原ともえさんや千秋さんといった、各世代の代表的な「女の子」たちがこれまで常連として通ってきました。

その中の1人に、いまや世界的なポップアイコンとなったきゃりーぱみゅぱみゅもいて、彼女のミュージックビデオ（MV）のアートディレクションを担当したことから、ぼくの名前が世間に認知され始めたという背景もあります。

いまでこそ「カワイイ」は世界からリスペクトされる日本発の文化となりつつありますが、それは原宿という自由な街、そしてその中にあるぼくの店をひとつの起点として広がっていき、やがて世界的な聖地として、カワイイの鼓動の心臓部を担うようになったという自負があります。

6％DOKIDOKIについては、「原宿KAWAII文化」をけん引する発信地だと考えています。物品の販売だけにとどまらず、ファッションショーや海外でのイベントも行うなど、ここから発信される商品は伝えたいメッセージを乗せた「作品」ともいえるのです。

店というよりも、メッセージを伝える媒体（メディア）。そんな場に世界からいろいろな人が集まって、おしゃれ心を満たしながら楽しみ、そこからさらに新しい文化を生み出す「るつぼ」のようになればいいし、発信地ともなればいい。

その考えが呼び水となってか、いまやフェイスブック上でも5万人以上のファンが集う人気店となっています。

ここ数年は店の外へも表現の場を広げ、アート作品を制作して海外で個展を開いたり、KAWAIIをテーマにしたカフェをプロデュースしたり、映画やミュージックビデオの監督を手がけたりと、さまざまな活動を続けていますが、すべての始まりはこの原宿にある小さなお店だと思っています。

若者たちはなぜ、「原宿」を目指すのか？

そもそも原宿という街は、ぼくの表現活動にとって欠かせない場所であり、増田セバスチャンという人間を語るときに外すことのできない場所です。

10代のころ、ぼくはどこにも行き場のない思いを抱えながら、生まれ育った千葉県の松戸から原宿へと通う日々を過ごしていました。

家や学校になじめず、地元にも溶け込むことができず、まるで青春そのものの重苦しさから逃れるように原宿へと出てきては、これといって何か生産的なことをするわけでもなく、同じようにどこか乾いた気持ちを抱いて集まってくる仲間と群れながら、路上で寝泊まりしたり、漠然と時間を浪費したりする日々をくり返していたのです。

それは何も生み出さない、何も生み出せない空虚な日々でしたが、それでも、そうした若い無力な時間の積み重ねの記憶は濃密なもので、その舞台となった原宿は特別な思い入れのある場所であり、ぼくの原点のような街です。

もし、「ぼくの街」が原宿以外の場所だったなら、6%DOKIDOKIのような若者の自由な感覚で生まれた店は続けられなかったでしょう。

はなやかさの裏に潜む「生きづらさ」

多くの大人がイメージする原宿は、おしゃれでカラフルな10代の若者たちが群がる騒々しい街、地方からの修学旅行生の聖地、といった範囲を出ないものです。

でも、そうしたはなやかなイメージの裏に潜む〝影〟の部分もじつはあって、かつてのぼくがそうであったように、居場所のない生きづらさを抱え、漂流した小舟のように原宿へ流れつく若者たちはいまも後を絶ちません。

その大半は、通過儀礼のように原宿という街で一定の時期を過ごして、やがて大人になっていく――ただその中には、キラキラ輝きながら表舞台に飛び出していく子もいれば、大人になる手前で残念ながらひっそりとみずからの命を絶ってしまう子もいます。

以前、店の常連客で顔見知りだった女の子が、そうした悲しい人生の結末を迎え、お焼香をしに自宅まで訪ねたことがあります。

そのとき目にしたのは、遺影や仏壇が6%DOKIDOKIで買った色鮮やかな品々で埋め尽くされている光景でした。

それを目の当たりにしながら「この運命が訪れたのは、もしかするとこの子じゃなくて、別のあの子だったかもしれないし、かつての自分だったかもしれない」……そう回想せずにはいられないほど、見た目からだけでは判断できない悲しい影もまた、原宿という街に射《さ》し入っているのが実状なのです。

つまり「カワイイ」はけっして、単に愛らしい、ポップでカラフルな要素だけで成立しているものではないといえます。

「カワイイ」は裏と表が合わさって初めて成立する

ぼくがつくるアートやデザインのテーマのひとつは**「色と衝撃」**です。

20年以上前に立ち上げた店のコンセプトにも「センセーショナルラブリー」を掲げているように、**カラフルでカワイくて、ときに毒々しさやグロテスクさまで含んだ、インパクトの強い目のくらむような色づかい**の作品が多くあります。

その鮮やかに発色した、氾濫する色彩の中に混ざり込むネガティブな「毒気」、〝甘いバニラアイスに黒コショウをまぶして味を引き締めるような〟明るさと暗さのバランスは、ぼくの表現の原点であり、「カワイイ」もまた、そもそも「異物感」や「狂気」といった要素が溶け込んで初めて成立するもの、という思いが強くあります。

以前対談したコピーライターで「ほぼ日刊イトイ新聞」主宰の糸井重里さんは、それを「はらわたっぽい」という言葉で見抜いてくれましたし、実際、6%ＤＯＫＩＤ

ＯＫＩが海外に名を知られるようになったのも、ソフィア・コッポラ（映画監督のフランシス・Ｆ・コッポラの娘で、自身も映画監督）が店を訪れて「クレイジー！」と褒めてくれたことが最初のきっかけでした。

その「クレイジーさ」はたぶん、もとをたどればぼくという人間や過去の経験から発しているものなのでしょう。生まれ育った家や少年時代の家族への愛憎、コンプレックスなど、ネガティブな感情が材料となってできた、いわば「毒」かもしれません。ですが、少なくともそこに蓄積された何ものかの表出が、現在の世界観につながっているわけです。

だから「グロテスク」と「カワイイ」といった対比は、自分の中に息づいている「暗さ」と「明るさ」の関係に当たるといえます。

つまるところ、「カワイイ」を巡る派手ではなやかな色づかいは、**権威づけられたもの、秩序立ったもの、お行儀よく整えられたものに対するアンチテーゼ……そういったものがミキサーでごちゃまぜにかき回されたような状態で、目に映っているものの**なのです。

そして、そこに引き寄せられる人たちの多くもまた、同じような世界観を通じて、自分の内に潜む「こうあるべき」という考え方、既成概念への反発や反骨といった精神の存在に気づくのでしょう。

だから、既成の文化をくつがえすとまではいかなくても、〝向こう側〟へ少しでも押し返すくらいの意志を示すための強い武器が、ぼく自身の場合はカワイイであるということ、そして、**カワイイの中に秘めた「毒」**であるということです。

世界でいちばん「自由」で「カラフル」な国？

そもそも日本は、「カワイイ」ものに対して寛容さを有するおおらかな国です。

欧米なら「子どもっぽいもの」と規定されているマンガやアニメを、この国では大人が喜んで見たり、数多くの自治体が公のアイコンとして「キャラクター」を前面に押し出したりしているわけですから、こんな例はほかではまず見られません。

街に色が多いのも日本の特徴で、とくに欧米の都市へ行くと、街が保守的で色が少ないことに、かえってびっくりしたことのある人も多いと思います。

うんと時代をさかのぼってみても、「可愛い」の概念として「なにもなにも、小さきものはみなうつくし（なんでも小さいものは、みんなかわいい）」と清少納言の『枕草子』にもあるように、思わずほほえんで、手に取りたくなるような——中国の子どもたちをほほえませたキャラクター文房具のような——愛らしいものが、日本の人形や調度品などの中にあふれんばかりに存在していて、それがいまの時代にも綿々と続いているのです。

つまり、世界へ「カワイイ」を発信する歴史的な下地がこの国には十分にあるといえます。一方で、その系譜や魅力に海外の人たちは気づいていても、当の日本人自身があまり気づいていない……。

だからこそカワイイは、世界へ日本をアピールする際、とてつもなく大きな発信力を発揮する大きな武器なのです。

CAFE
HARAJUKU

自分だけの「カワイイ」を見つけることから始めよう

「カワイイ」を求めて、若者たちが原宿に集まってくるのには、それが流行であるからとか、彼らの独特の美的感性がそうさせるからといった以上の、いわば社会的な理由があるようにみえます。

その理由をひとことでいえば、大人の社会に対する「反発心」「幻滅」や「拒否反応」といってもいいでしょう。

彼らの目には、大人たち自身や、大人たちがつくる社会が、けっして魅力的にも、すばらしくも映っていないはずです。

「あんなに色あせた世界で、多くの人が毎日のように何かをごまかし、何かを偽り、必要以上に自分を小さく見せたり、大きく見せたりしながら生きている。
あれが大人のいう『社会』なら、また、その中に交じって生きていくことが『大人になる』ということなら、自分たちは大人になんかなりたくない。いまのまま、『子ども』のままでいたい――」

そうした痛切な思いを、なかば無意識のうちに、彼らは心の底にわだかまらせているのです。

こういった考えは、ひと昔前なら「ピーターパン・シンドローム」などといった言葉を引き合いに「大人社会から逃避している」などと非難されましたが、いま、カワイイムーブメントを先導している世界各国の若者たちはもっと強い意志をもっていて、逃避というより、むしろはっきりとした大人社会への反発心を抱いているように見えます。

もちろん経験も実績もない10代の子たちに、それをきちんと説明できる「言葉」の持ち合わせは少ないのがふつうですから、その反発心はもっぱら感覚的なもので表現されます。

すなわち、カワイイという一見子どもっぽい、幼いモチーフをみずから選ぶことで、大人社会への「NO」を表現しているのです。

現在の世界的なカワイイムーブメントの底流には、そういう子たちを中心とした、若者たちの感覚的な主張があるとぼくには思えて仕方がありません。そして、それは大人たちにとっても、けっして無関係ではないように思えます。

童話映画が照らし出した大人の「子ども心」

こう言うと、大人——とくに大人の男性——は、たぶんこう答えるでしょう。

「おれたちは、カワイイとはもっとも無縁の人種だよ。10代の若い子たちとはひとつの共通点もない」

しかし、ひとくちにそうともいい切れないのです。

というのは、以前、ぼくが**サンリオの「くるみ割り人形」という、人形のストップ**

35年ぶりにリメイクされた映画「くるみ割り人形」

モーションで構成された映画を監督したときのことです。

1979年に制作された、1人の少女が大切な人形を命をかけて守る、という名作童話映画を、ぼくなりの世界観や色彩感覚を取り入れて35年ぶりにリメイクしたもので、当初は「主人公と同じ10代の女の子に響いてくれたらいいな」と思ってつくった作品でした。

しかし、**意外なことに、もっとも素直でストレートな反応を見せてくれたのは、むしろ30代、40代くらいの男性、いわゆるオジサン世代の人たちでした。**

試写会を終えたあとの感想や表情から

も、彼らがいかに作品の中に入り込んで、一喜一憂してくれていたのかがよくわかりました。

そのとき、ぼくは大人の男性の中にもひっそりと息づいている「子ども心」を発見したような気になりました。

すなわち、原宿が象徴するような若者らしい感性とは一見程遠いオジサン世代の男性にも、カワイイものを愛《め》でる素地は失われずに残っているのです。

そもそも「カワイイ」ってどういうこと？

「そもそも『カワイイ』とはどういうことか？」

そんなふうに聞かれたとき、ぼくはいつも次のように答えています。

「自分だけの〝小宇宙〟――それは、だれも邪魔することができない、自分だけが愛でることのできる〝小さな世界〟」

それがカワイイの根幹にあるものだと思っています。だから、言い換えればカワイイとはきわめて個人的（インディビジュアル）で自立した美意識です。

そう考えると、「自分は関係ない」と思っているオジサンも、カワイイについて少し理解を深められるのではないでしょうか。

つまり、1000人いれば1000通りの、100万人いれば100万通りの「カワイイ」の形があるわけです。

「だれにも譲れない自分だけの世界、代わりのきかない、とても好きな何か」——それは世代を選ばず、だれの中にも必ずあるはずですから。

世界にひとつだけの「色」を見つけよう

たとえば、色。

どんな人にも好きな色、好みの色があるでしょう。

ぼくは、色には人の心を動かす力があると思っています。

髪の毛を染めたり、ふだんは身につけない派手な色のシャツを着たりすると、それだけで春が訪れたように、なんとなくソワソワ、ウキウキしたり、テンションが上がったり、何か心持ちが明るく変わるものです。

そんなふうに、**色には人の心を浮揚させたり、動揺させたり、沈静させたりする強さや力がある。**

ふだんは紺色や灰色の背広を着ているビジネスマンでも、派手な色あいのネクタイや靴下なんかを身につけると、世代に関係なく、みずみずしい情動に心が揺らぐはずです。

いわゆる「カラフル」でなくても、自分が本当に「好きだ」と思える色や好みの小物などであれば、それを携えているだけで心のありようが少し変わってきます。

自分という人間の中に、ふだんとはちょっと違う自分が顔をのぞかせているのがわかる。それこそが**自分だけに許された〝小宇宙〟の発見**なのです。

その「自分ならではの色」は、白でも黒でも、地味な色でも、また、やたらとんがった色でも、妙に気味のわるい色でも、なんでもいい。

あるいは黒という色ひとつとっても、掘り下げていけば、青がかった黒もあれば、緑がかった黒もあれば、赤がかった黒もある。そんなふうに、色の世界は違いや変化にあふれています。

肝心なのは、個人的に「好き」で仕方のないもの、思い入れの深いもの、愛でているもの……そうした色やモノを見つけて、それを大事に守り、育んでいくこと。

そうすることで、それが自分の世界を築く種や芽となり、自分だけの〝小宇宙〟、つまり「カワイイ」に成長していくのです。

そして、暗く沈んだ色のない世界に「自分だけの色」を灯す。

すると、1本のろうそくの光が壁に反射して空間中を満たしていくように、淡くとも確かな変化が、目の前の相手や周りの人たちに伝播《でんぱ》していくはずです。

1人ひとりの「自分らしさ」が世界を変える

以前なら、個人の好みというものはあくまで個人の領域内にとどまって、広がりをもちにくいものでした。自分の「色」は、あくまで孤立したものでしかなかった。でも、**いまはSNSなどのインターネットを介して、その「インディビジュアルなもの」がまたたくまに広まり、「ソーシャルなもの」になってしまう時代です。**

しかも、瞬時に国境を越えて世界に発信され、共有される時代です。

個人的なものも、あっという間に世界に拡散されて、褒められたり、けなされたりしながらも社会化されてしまう。ただ一方で、いくら社会化されたとしても、それは一定の個性を保っている。

だからぼくは、できるだけたくさんの人に、自分の好きなものを掘り下げて、自分だけの色や世界をもってもらいたいのです。

それぞれの「個」がひとつひとつ集まって、自分を失うことなく、互いを許容し合い、つながり合っていけば、やがて時代を動かし、世界を変えていく力にもなりうるかもしれない、と強く思うからです。

そのことは、ぼくの店や原宿という街を起点として発信された「カワイイ」の文化が、その価値観を世界に広げ、たくさんの人を巻き込む力強いストリームとなった事実が何よりも証明しています。

また、アートというのは本来、社会とリンクするべきものだと考えています。ただ単に「こういうものをつくりました」と作品を世の中に提出して「それで終わり」なのではなく、その作品を通じて、あるいは、作品をつくる過程を通じて、受ける側も発信する側もよりたくさんの人を巻き込んでいって、初めてアートは成立する、と思っているのです。

巻き込むとはつまり、「インディビジュアルをソーシャルに変える」方法であり、運動のことです。その運動をくり返し行うことで、時代を動かし、世界を変える力が

生まれるのではないでしょうか。

そして「カワイイ」こそ、その可能性を十分に備えているものだという確信があります。

あなたも、あなただけの「カワイイ」をあなたの中に見つけ、育てることから始めてみてください。

それはきっと、あなた自身が一生を歩んでいくうえで、かけがえのない、何よりも心強い希望のアイコンとなってくれるはずです。

CHAPTER 1

「カラフル」が秘めた不思議な力

あなたの本当の「色」は何色ですか？

東京・表参道のとある建物の一室。

その部屋の大きくくり抜かれた窓からは、隣接する青山墓地の風景が広く見わたせます。

窓に向けて1台のブランコを置き、部屋の空間いっぱいを、カラフルな色をもつさまざまなモノでぎっしりと飾り立てる。その色の洪水のような部屋で1人ブランコに揺られ、窓の外のお墓の景色をながめながら、ひとときを過ごしてもらう。そして、部屋を出てきた人にひとつだけ、こう質問します。

「あなたの本当の『色』は何色ですか？」

アートイベント「『あっちとこっち』展」

これは、糸井重里さんの主宰する『ほぼ日刊イトイ新聞』と協力して開催したアートイベント**「『あっちとこっち』展」**のあらましです。

色のない、いわば〝死者の街〟のような墓地。

一方、生者の所有物を象徴するような、色彩にあふれた部屋。

窓はその2つの世界の境界線上にある扉みたいなものですが、その扉は生と死、夢と現実をつなぐ橋なのか、あるいは、さえぎる壁なのか……。

イベントの題名を考えた糸井さん自身

は、「あっち」と「こっち」の定義についてははっきりとは言及していません。

ただ、いずれにしても、**そのあやふやな2つの領域をブランコでゆらゆら往《ゆ》き来しながら、心に浮かんできた感覚、イメージ、その中に見えてきた色を感じてもらい、それを言葉にして伝えてもらうのです。**


2016年の1月に行った催しですが、短期間にもかかわらず1000人以上の人が参加し、さまざまな感想を寄せてくれました。

「色彩の氾濫の中、1人ブランコに乗って感じた本当の色は『白』でした」

「答えは水色。あっちとこっちの共通部分は水色だと感じたから。外に出たときに、なんか安心感(があった)」

「あんなに色があったのに、感じた色は透明」


白や水色といった、淡い色彩を思い浮かべたという答えが多かったのは、ちょっと意外でしたが、それは色が爆発したような部屋に1人置かれたことへの反作用なのかもしれません。

あるいは「あっち」の世界を意識したとき、人間は自分の頼りない存在を透明に近いものとしてイメージするということなのかもしれない。

何かひとつ正解があるわけではありませんが、それも含めて、とても興味深い反応がいろいろと返ってきたのです。

子どものころは、すべてがカラフルだった

なぜ、たくさんの人に「自分の色」を再発見してもらいたいのか。

理由をひとことでいえば、多くの人が生きる過程で「色」を失っているように見えるからです。

ピカソは、ものごころつくころにはすでに、ひどく大人びた、技術的にも完成された絵を描いていたといいます。

それとは反対に、晩年には幼児のお絵かきみたいな稚拙で奔放な絵を――まるで飛び抜けた才能ゆえに経験できなかった幼年時代を取り戻そうとするかのように――なんべんもなんべんもくり返し描いたといいます。

天才ピカソにしても、子ども時代の「万能感」へのあこがれを強く抱いたということでしょうが、これが凡人ならなおさらで、ほとんどの人が子どものころには「未来は全部自分に向いている」「きっと、なんでも思い通りになる」などと思っていたはずです。

子どもの心の広がりは無限大です。

そこには毎日毎秒、たくさんの目に見えるもの、耳に聞こえるもの、肌に感じられるものが吸収されていく。それらはみな、新鮮でみずみずしく、希望の色にあふれている。

つまり、子どもの目に映る世界はもともとカラフルなのです。

ところが、だんだんと大きくなっていくにつれて、自由だったはずの視野や感受性、想像力にも、窮屈な柵のようなものが設けられていく。

親のこと、家庭のこと、学校のこと、生活のこと、仕事のこと、お金のこと。いつの間にか重い〝荷物〟が増えていき、それとともに希望はくたびれた風船みたいに少しずつしぼんで、カラフルだった現実が次第にあせていく。

「仕方ないよ。それが大人になるということ、生きていくということなんだから」

そんなふうに訳知り顔で何かをあきらめていく人もいます。たしかに、ぼくらの人生は、成長するとともに何かを失うようにできている面もあります。

でも、この本を手に取ってくれたあなたにおすすめしたいのは、子ども時代に両手いっぱいに抱えていた色を、大人になってからひとつでも取り戻そうとすることです。

これまで歩んできた道の途中でひとつ、またひとつと、落としてきてしまったクレヨンを、もう一度拾い上げていくように。

そのふり返りは、すなわち再生行為であり、忘れかけていた未来への希望の色をひとつずつ再点灯してくれるのではないか――それはぼくのアーティストとしての主題でもあって、自分の作品を通じて、その再生の感覚を多くの人に経験してもらいたいのです。

そういえば、「『あっちとこっち』展」の感想にはこんなのもありました。

「ブランコに乗った瞬間、幼いころのわたしとつながって、ちょっと泣いてしまいました。気持ちが開放されたのちは終始ニコニコ、しあわせなキモチでいっぱいになりました」

「あっちもこっちも本当は一緒。いつかあっちに行くのなら、もっとこっちをいろんな色で埋め尽くしたい」

こんな希望の色を、ぼくはできるだけたくさんの人に再発見してもらいたいと考えています。

心に「革命」を起こす、いちばんシンプルな方法

自分の色を再発見すると、何が起きるか――。

ぼくは、**心に小さな「革命」が起きる**と思っています。


デザインには、人間の無意識に働きかけて、特定の行動を誘発する力があるといいます。

たとえば適度な高さで、腰をかけられる形状のモノがあると、それが椅子ではなくても、人間はなんとなく座ってしまう。

それと同じような力は色にもあるはずです。

色や形が視覚を通じて人間の内面に与える影響は、予想以上に大きいもので、プロローグでも述べましたが、ふだんは身につけない色あいのものを身につけると、それ

だけで意識や心のありようが以前とは変わってくるのが実感できるのです。

とりわけ、カラフルな色彩がもたらす解放的な感覚は、人の心に明るく、ポジティブな情動を与えてくれる効果があります。

たとえば色鮮やかなバッジをかばんにひとつつけただけで、あるいはシャツをいつもの白からピンクに変えただけで、その日一日の気分がなんとなく浮き立ってくる。

これだって立派な「心の革命」といえます。

以前、ある雑誌の編集者から**「いまの自分を変えたい人に、どんな行動を起こしたらいいのかアドバイスをお願いします」**と聞かれて、冗談交じりに「サラリーマンで物足りないなら、会社を辞めちゃうことでしょうかね」と答えたことがあります。

本当に自分を変えたかったら、予定調和から外れて、大事なものを捨てる覚悟がなくてはいけない、ということを言いたかったのですが、編集の人は「それではあんまり過激すぎます」と苦笑します。

そこで、もう少しハードルを下げて**「じゃあ、身の回りの一部をカラフルな色で飾っ**

てみることから始めてみたらどうでしょう」と提案しました。
シャツ、靴下、かばん、財布、ベルト、携帯電話のケース……そうした服装や持ち物の色をワントーン明るく、もしくは「いつもの自分」では選ばないような色にしてみる。

すると、心の喫水線がふだんより上昇して、暗い日陰から明るい日向《ひなた》へと出ていくような、前向きな気分を味わえるはずです。

「派手な色は人目につくから恥ずかしい」という人なら、たとえばグレーの下着をイエローに変えてみるとか、自分にしか見えない部分に色を差し入れることから始めてもかまいません。

ここだけの話、ぼくも大きな仕事に臨む日などには、勝負下着のピンクのパンツをはくのが習慣になっています。そういう目立たない箇所から、カラフルな「革命」に着手するのもひとつの方法です。

「見られる」意識が外見も内面も磨いてくれる

カラフルなものを身につければ、当然、そこに人の視線が集まったり、だれかに「見られているかもしれない」という感覚が研ぎすまされたりします。

「人から見られる」という意識はけっこう強烈なもので、自分の内面やふだん通りの生活に新鮮なインパクトを与えてくれます。その意識は、ぼくたちを緊張もさせますが、その緊張感が心の背筋を伸ばす働きをしてくれることもある。

そうして見た人が「いいね、その色。似合ってるよ」などと褒めてくれれば、それが満足感や自己肯定感といったポジティブな心持ちにもつながっていく。

つまり、**「視線が人を磨く」**のです。

原宿の6%DOKIDOKIで働く店員はその典型で、彼らがショップガール、ショップボーイとして店頭に立ち始めると、それまではちょっとあかぬけなかったような子も、ファッションはもちろん、髪型やメイクなど、見た目がどんどん洗練されていくのがわかります。

それは、店員としてお客さんから「見られている」という事実や意識のなせるわざです。**そうやって他人の視線を介して外見が洗練されていくにつれて、内面もまた磨かれていきます。**

「人から見られる」という感覚には、こうした精神の研磨剤的な効果もあるのです。そして、この効果は性別も世代も関係なく有効です。

だから、もしあなたが自分を少し変えたいときは、ふだんは周りの目を気にして身につけないような派手な色を、思い切って服装や持ち物の一部に取り入れてみたらどうでしょう。

その瞬間、これまで思ってもみなかった新しい変化が心に湧き起こるかもしれません。そしてそれが、退屈な日々のくり返しの中で干からび、色を失っていた心に、あたたかい血を通わせる最初の一滴となるかもしれない。

人生の予定調和からあなたを解き放つカラフルな「革命」は、そんなちょっとした勇気から始まるのです。

「人は見た目が9割」といわれる本当の意味

「見た目に工夫を加えることが、その人自身の心に影響を与える」――この力は逆方向のベクトルにも働くもので、外見がそのままその人の内面やポリシーの投影である場合は多いといえます。

つまり、**ビジュアルとは結局、人の内側から生まれてくるもの**だということです。

「人は見た目が9割」などとよくいわれるのも、外見（芸能人やスーパーモデルのような表面的な美しさ）が人間の価値をほとんど決定づけてしまうという意味ではなくて、むしろ**「内面とは隠そうとしてもいやおうなく外見ににじみ出てしまうものだから、見た目からもその人の人となりはある程度判断できる」**という意味なのだと思います。

ぼく自身、店に来るお客さんたちのファッションや持ち物、話し方やしぐさのクセといった見た目の特徴から、彼らの性格や人柄などをかなり正確に見抜ける自信があります。

「ビジュアルは内面の投影である」

この事実は、ファッションの歴史にも通底しています。

たとえば1960年代の後半、アメリカのサンフランシスコあたりを起点にして始まった**「フラワームーブメント」**と呼ばれる世界的な運動では、多くの若者たちがレインボーカラーのカラフルな色あいの絞り染めのTシャツ、長髪にジーンズ、裸足にサンダルといった格好に身を包んでいました。

大人たちはさぞかし眉をひそめたことでしょうが、**そうした一見汚らしくてだらしない、世の中の規範や決まりごとからはみ出したようなファッション＝ビジュアルは、よくもわるくも、当時の若者たちの内部にふつふつとたぎっていた思考や感情をストレートに映し出していた**はずです。

ベトナム戦争への抗議とラブ&ピースの訴え、物質的な繁栄をひたすらよしとする社会への反発、既存の政治体制やシステムなどに対する疑問。そうした思想なり言動なりが、彼らの中でどれほどの深みとリアリティをもっていたのか、正確にはわかりません。

でも、「武器ではなく、花を（持とう）」という主張には、それなりの切実さがともなっていたように思えます。

つまり、あの脱力系のファッションもまた、**既成社会へのアンチテーゼ、あるいはドロップアウトといった彼らの内面的なメッセージが、ビジュアルとして表面化したもの**だったわけです。

フラワームーブメントはその名の通り、花が愛と平和の象徴としてよく用いられていました。

そういう意味では、色のもつ力やカラフルであることに思想的な焦点が当たった最初のムーブメント、のちのカワイイムーブメントの先駆的な例であるといえます。

その後、１９７０年代なかばにイギリスから生まれたパンクブームも、同国特有の階級社会に対する、労働者層の若者たちの「怒り」が発火点となっています。

彼らの身につけるファッション――黒の皮ジャンや鎖やピアスといった、暴力的でとんがったビジュアルも、そのまま怒れる若者の内面的なメッセージが外見に表れたものでした。

「声なきメッセージ」を発する唯一の手段

現代の原宿を起点とする「カワイイ」の世界的な広がりも、本来はこうした流れの中に位置づけられるべきものだとぼくは考えています。

つまり、原宿に集まる若者たちがカワイイ服やカラフルな小物を身につけることにも、彼ら自身が意識している、していないにかかわらず、彼らの内面の思想や意思が、個人差はあれ作用しているはずなのです。

「いや、それはおまえの深読みだろう」と批判する人もきっといるでしょう。しかし、人間の内面というのはいろいろな表れ方をするものです。

心の中のまじめな思いは、けっしてまじめな言葉だけを介して外へ出てくるとは限りません。まじめな思いがふざけた言葉、過激な言葉、汚い言葉で表現される場合だってある。

油絵とマンガが並んでいたとして、その表現手段のどちらのほうが上等で、どちらのほうが下等だというランクづけは、本来だれにもできないはずです。

なぜなら**問題は、その人が何を思い、何を伝えようとしているのか、そして、その内面のメッセージを伝える表現方法が周囲にどれだけ説得力を与えうるか、という点にある**からです。

原宿に集まる若者たちにしても、とてもまじめで、切実な思いから、派手な色を選んでいるのかもしれない。カラフルを通じて、自分たちの内面を一生懸命表現し、主張しようとしているのかもしれない。

むろん、その表現の多くは感覚的に行われているわけですが、それだけに彼らは、その鋭い感覚によって理屈では説明し切れない大切な何かを見抜いている。そんなふうにぼくには思えて仕方ないのです。

「カラフルなファッション」が希望をもたらした

原宿ＫＡＷＡＩＩ文化が本格的に世界に広まったきっかけのひとつに、じつは東日本大震災があります。

それまでにも原宿の独特なファッションは、たとえば早くはグウェン・ステファニー、最近ではケイティ・ペリーやレディ・ガガ、アリアナ・グランデといった海外のスターたちから注目され、原宿文化はとてもクールなものとして人気を得ていましたが、その人気が爆発的に拡大したのは２０１１年でした。

当時、世界中からたくさんのマスコミやジャーナリストたちが、津波による東北の惨状の映像や写真をもとに記事を書きました。

地震や津波に関する報道が世界のメディアのトップニュースで流れる日々がしばら

く続いたのです。

もちろん、それは望ましくない意味での注目で、**「日本はもう終わった」**とか**「壊滅的な打撃を受けて復興の見通しは当分立たないだろう」といったネガティブな論調が大半でした。**

ぼく自身も、アメリカのCNNの記者から「日本はこれがきっかけで〝オワコン（終わったコンテンツ）〟に向かうと思うのですが、これからどうなるとお考えですか？」というような主旨の質問を受けたことがあります。

世界地図レベルでいえば、原宿も東北もきわめて近い場所に見えるので、彼らが日本全体をいっしょくたに考えるのも無理はありません。

でも、実際の原宿は被害の中心地にあったわけではなく、だからこそ、ここから世界に向けて「日本にはたしかな復活の芽が感じられる」というメッセージを発信できるのではないか、と考えたのです。

簡単ないきさつを記しておくと、大震災の発生をニュースで知った直後、ぼくは初め現地に駆けつけてボランティア活動に従事しようと、あれこれとその手段を考えました。

しかし、被災直後でまだ現地の状況もほとんどわからない段階で、災害救助の知識もない素人がむやみに駆けつけても、むしろ迷惑をかけるだけだと思い直し、「では、いったい自分に何ができるんだろう」と、あらためて考えたのです。

「できないこと」よりも「できること」に目を向ける

そのとき思いついたのが、いま自分のいる原宿からメッセージを発することでした。

震災直後から、海外のファンの子たちから「原宿は大丈夫?」というメールがたくさん寄せられてもいました。

世界から見れば、東京もまた壊滅的な打撃をこうむり、原宿からは人がいなくなってしまったように感じられていたのでしょう。

そこでアメリカ人の友人に相談したところ、彼はニューヨークの9・11のテロ事件の際に、現地の人たちが「ニューヨークは負けない」「マンハッタンは安全だ」といったメッセージをさまざまな方法で発信した経験を話してくれました。

それを聞いて、ぼくたちもまた同じような働きかけをしたいと思い、「原宿は大丈夫、日本は必ず立ち直る。みんなが好きなこの国のポップカルチャーもちゃんと存続しているよ」という事実を世界の人にまず知ってもらおうと考えました。

そうして企画したのが**『MIGHTY HARAJUKU PROJECT』というチャリティープロジェクト**です。「MIGHTY HARAJUKU（力強い原宿）」のロゴの入った缶バッジをつくって、商店街や通行人の人たちに配布して回ったのです。

すると、**バッジをつけて原宿に集う人びとの姿がSNSやファッションスナップのウェブサイトにたくさんアップされ、「日本のポップカルチャーは死んでいない」、ひいては「日本は必ずよみがえるぞ」というメッセージとなって、世界に拡散していきました。**

それに呼応するように、海外のファンたちからはこのフレーズをプラカードなどに

チャリティプロジェクト「MIGHTY HARAJUKU PROJECT」

書いて掲げたスナップ写真がたくさん投稿され、中には「STAY 元気（どうか元気でいてください）」という言葉を添えてくれる人も現れるなど、大きな波紋となって広がっていきました。

そして結果的に、国レベルの深刻な被災ムードに包まれているさなかにありながら、原宿の街には、いちはやくカラフルなファッションで着飾って歩く観光客の姿が戻ってきたのです。

震災で大打撃を受けて、日本全体が停電などで暗く沈んでいるように見えるけれども、それが事実のすべてではない。

同時に、カラフルな「ＫＡＷＡＩＩ」ファッションをはじめとして、いつもと変わらず覚悟をもって「自分の好きなファッション」で原宿に集う若者たちは、まさに希望のアイコンのように輝いている――。

実際、彼らの存在に希望を見出《みいだ》し、救いに近いものを感じて、そのような文脈で世界に伝えてくれたメディアも少なくありませんでした。

「明日がこない」としたらいま、何をすべきか？

あのとき、原宿や東京という場所を中継して、日本の元気を対外的に大きくアピールした主人公は、まぎれもなくカラフルな装いに身を包んだ若者たちでした。

もちろん、惨事の中のカラフルさを不謹慎だと感じる人もいました。

ぼくのプロジェクトにも、東北の人たちがひどく苦しんでいるときに、派手で軽薄なイベントを開くとは何ごとか、といった内容の批判メールも届きました。

そう考える人がいても無理はありません。でも、ぼくはあの大災厄は、そうした一定の期間をとらえた道徳観をも超える、人々の意識を深い部分でひっくり返すようなインパクトを与えたと考えています。

震災以前は、「そんなに毎日、がんばらなくていいじゃん。努力？　汗水垂らして一生懸命がんばるのって、ちょっとカッコわるいよね」といった、どこか浮ついた空気感を一定数の人から感じていました。

缶コーヒーのＣＭではないけれど、まあ、人生いろいろあるけど、いろいろあっても「明日があるさ」、なんとかなるさ――そんな楽観的な考え方、言い換えれば、直視すべき現実や肝心な部分から目を逸《そ》らしているような逃避的な考えや心情が、多くの人に共通してあったように思います。

ところが、震災をきっかけに、いつも変わることなくやってくると思っていた「明日」がやってこないような現実に突然、直面した。

「なんだ、明日、ないじゃん」。そういう厳しい現実の前で、ぼくらは一時的に、呆《ぼう》然《ぜん》と立ち尽くしたのです。

「明日の保証なんて、じつはどこにもない。じゃあ、そのとき、みなさんどうするんですか、どうやって生きていくんですか?」——こういうシリアスな問いを目の前に突きつけたのが、あの震災だったとぼくは思っています。

その現実を受けて、明日が不確かなものなら、とにかく自分のやりたいことをやってみよう、自分の好きなことをやろう、という前向きな意識を抱いた人も少なくなかったはずです。

そして、そういう人の視野にあらためて入ってきたのが、原宿のカラフルなアイコンの存在だったのではないでしょうか。

彼らはもうずっと前から自分の好きなもので身を飾り、人からとやかく言われようとも自分たちのセンスや感覚を頼りに「カワイイ」ものを選んでいました。

その意味で**「自分のやりたいこと」だけをやっているように見えながら、じつは「やるべきこと」をやっていた**のかもしれない。

好きなものを自由に選ぶというのも、いわばひとつの思想です。

「こんな服はわたしには似合わない」「こんな派手な色は年齢に合わないんじゃないか」。そうした不自由で窮屈な常識のしばりにとらわれている大人たちに、その思想が十分に実践できているかといえば、疑問が残ります。

社会的な制限から解放されて、自分たちの好きなものを、自分たちの感覚に添って自由に選ぶ。

彼らがカワイイを媒介にして発揮する無意識のパワーを、ぼくはけっしてあなどるべきではないと思っています。

裏通りに生まれた色彩あふれる「発信基地」

ここで少し、ぼく自身の「色」との出会い、カラフルの原体験についても話しておきましょう。

ぼくの生まれた家は、千葉県の松戸にある商店街で呉服店を営んでいました。当時はいわゆる「着物屋さん」という、どこか古臭いイメージをともなうその実家のなりわいが好きではありませんでしたが、**いまふり返ると、店に置かれている着物や反物、そして商店街のおもちゃ屋さんやお祭りなどの色彩から、知らず知らず強く影響を受けていたと思います。**

当時から「色」という要素はぼくにとって特別な感覚を呼び起こす誘因となるもので、きれいな色を目にしたり、身につけたりすると自分のテンションがすごく上がるのを実感していましたし、それはいまも変わらない習性です。

やがてぼくは**「カラフル」との意識的な出会い**を経験することになります。

それは25歳で、原宿に6％ＤＯＫＩＤＯＫＩの店を開いたことがきっかけとなっています。

場所は原宿・神宮前の明治通り裏のビルの3階、わずか7坪のスペース。開店は1995年、オウム事件と阪神・淡路大震災のあった年のハロウィンの日でした。

それ以前に、現代美術や実験演劇などの前衛的な世界に身を置いていたせいか、当時のぼくはよくもわるくも表現欲求のかたまりのようなものを引きずっていて、店を出すに当たっても商売や経営といった感覚はほとんど持ち合わせていませんでした。

店を「発信基地」のように考えて、何か面白いことやクリエイティブなことを表現する場にしたい。そんなふうに考えていましたから、ふつうの商品のほかに、自分や友人のアート作品も店に並べることもあったのです。

ただし、言うまでもなくお金がなかったため、アルバイトで貯めた開店費用を払ってしまうと、それだけでもう手持ちの資金が底をつきかけました。
そこで手っ取り早く売れるものをと、あれこれ考えた結果、古着や雑貨もあつかうことにしたのです。

海の向こうで待っていたのは「想定外」の試練だった

古着を仕入れるためにぼくが最初に向かったのは、アメリカのロサンゼルスでした。知人が「LAにはメルローズ・ストリートという古着のバイヤーが集まる通りがあるから、そこへ早朝に行けば、仕入れ先まで連れていってくれるはずだ」と教えてくれたので、それを真に受けて、わずかに残った運転資金の中から格安航空券を買って、はるばる太平洋を越えていったのです。

早朝6時、教えられた通りの場所に着いて立ってみましたが、昼近くまで待ってもだれもやってきません。

だれかとたしかな約束があるわけでもないのだから、それもそうでしょう（あとで聞いたところによると、知人が教えてくれた情報というのも、別の人からのまた聞きだったそうです）。

他人のいい加減な情報をよく調べもせず信じた自分がバカだったと、おのれの愚かさを呪い、11月の西海岸の冷たい風に吹かれながら、ぼくは途方に暮れかけました。

そのとき、通りに並んだ店の中にたまたま日本人が働いている古着屋さんを見つけたので、すがる思いで品物の仕入れ先を尋ねてみました。

すると、「フリーマーケットで手に入るよ」と彼は言い、ちょうど翌日が大きなフリマの開催日だからと、その場所を親切に教えてくれたのです。

翌日、さっそく期待を胸に足を運んでみました。しかしあいにく、ぼくの心に響くものはひとつも見つけられず、ひどくがっかりしました。たくさんの日本人のバイヤーらしき人がうろうろしているのも興ざめで、ぼくは急に腹が立ってきました。

既成概念をぶち壊すような、クリエイティブでとんがった品物の並ぶ店を開くはず

の自分が、最初に仕入れようとしているのが、どこにでもあるようなありふれた古着か……そう思うと、何よりもそんな自分自身に対して憤りを覚えたのです。

「どこにでもあるもの」V.S.「どこにもないもの」

ぼくはそのままメルローズ・ストリートへ戻り、あてもなくあたりをさまよっていました。そして、のどが渇いたので飲み物を買おうとドラッグストアに入りました。いかにもアメリカらしい、工場みたいな無機質で巨大なお店です。

そのとき、棚にぎっしりと並んだ商品の光景に、ぼくの目は釘づけになりました。

日本のコンビニなどで目にするきめこまやかな色や形の商品とは対照的に、原色が強調された、まぶしくて胸がわるくなるほどのカラフルな色彩。とくに目を奪われたのは、ケミカルな発色の幼児向けのおもちゃでした。

造形もちょっとずさんで、極彩色のチープなおもちゃ。それは幼いころ、松戸の商店街にあった毒々しい原色のパッケージの駄菓子、あるいは10代の最後を過ごした大阪の街で見た、下品で多様な色彩の看板。そうしたディープな記憶と結びついて、突然、ぼくの中に言葉では表せないような衝撃を呼び起こしたのです。

「これだ！　ぼくはこういうものを店に並べたかったんだ！」

ぼくは、そのおもちゃコーナーにカートを横づけにして、のどの渇きも忘れて夢中で買い物を続けました。

その後も、滞在していた3日間、現地の巨大スーパーを何軒も巡り歩き、カラフルなおもちゃや雑貨を手元の資金が尽きるまで買いまくりました。

それを日本に持ち帰って、一緒に店を始めた友人に見せたところ、返ってきたのは「何これ、カワイイ！」という反応。ぼくは自分の選択が間違ってはいなかったと、背中を押してもらえたように感じました。

どれも自分自身の直感で選んだものばかりでしたが、そのころの日本では（もちろ

開店当時の「6%DOKIDOKI」店内の様子

ん原宿でも）まったく見かけない爆発的な色彩の新鮮さやインパクト、クレイジーな魅力を備えていることは、はっきりとしていたのです。

若者向けの店とはいえ、経営をビジネスとして考えるバイヤーが見たら、それらの品はクズやゴミと変わらないもののように見えたでしょう。

でも、ぼくの中に息づいている感覚には、宝物のように映りました。それは当時のぼくが（いまもあまり変わりませんが）商売の素人だったことの証拠かもしれません。

しかし**結果的には、その「素人らしさ」が役に立った**のです。

ビジネスの常識から見ればとても商品として成立しないものを、アート感覚で面白がって売る。そのことに共鳴してくれるコアなお客さんが、やがて6％DOKIDOKIには少しずつながら増えていきました。

こんなふうに、アメリカならどこででも見かけるドラッグストアで、ぼくは自分自身の「色」に出会いました。

それは店の人気ラインナップとなり、のちに原宿発のカワイイムーブメントの発信源となるばかりでなく、幼いころから内部に培われてきたぼく自身の色彩感覚を開花させる起爆剤ともなってくれたのです。

偶然出会ったカラフルな色彩に、自分自身のアイデンティティとリアリティを再発見できた、ともいえます。

ある意味、「早朝のロサンゼルスの通りへ行けば、古着を仕入れられる」というあやふやな情報を教えてくれた知人に、感謝をしなくてはならないでしょう。

「面白さ」は「クレイジーさ」から始まる

とにかく色彩のインパクトだけを重視してアメリカから買い入れてきた、衝撃的に派手な極彩色のおもちゃや雑貨類。

それらを所せましと店内に並べると、一瞬、ぼくはなんだか自分がポップアートの巨匠、アンディ・ウォーホルにでもなったかのような気分を味わうことができました。

「これでやっと自分のやりたいことができる。ここは店であって店じゃない。自分を表現する工房なんだ。これがおれの〝キャンベル・スープ〟だ」

そんな自信に満ちたやる気が、生まれて初めてといっていいくらい、何が待つともしれない未来へ向けてぼくを駆り立てるようでした。

しかしというか、だからというか、**開店当初の6％DOKIDOKIにお客さんは**

ほとんどやってきませんでした。

ときどき、おそるおそるドアを開けて入ってくるお客さんも、ど派手なケミカルカラーの店内を目にするなり、回れ右して出ていってしまう。

無理はありません。人通りの少ない裏手の雑居ビルで、しかも3階にあるのに加えて、店内にはバカでかい音量でテクノ系のダンスミュージックが鳴り響いている。ぼくを含めた店員は、お客さんがいないのをいいことに音楽にあわせて踊りまくっているし、たまにやってきたお客さんにも踊りながら接客するようなあんばいです。

服飾系の学生と思われる、エッジのきいた若いお客さんが来ても、店や商品自体は面白がってくれますが、お金がないからと、「いま着ているこのセーターとあの商品を取り換えてくれない？」なんて言い出す始末。

オープン最初の1か月の売り上げは……たったの2000円でした。

もちろん家賃も払えなければ、自分たちの給料も出ない。でも、ぼくはそれが当たり前だと思っていました。

この店を開いていることは、ぼくにとって現代アートの展覧会や劇団の公演と同じようなくりの行為であり、はなから商売っ気などないのだから、そのくらいのことは当然だ――。

意気込みやよし、です。しかし、気概だけでは家賃は払えません。ぼくともう2人の共同経営者はそれぞれ、店とは別のアルバイトにも精を出し（ぼくは夜中にテレビ局で大道具の仕事を手伝っていました）、それでも足りなくなると借金に頼りました。

親戚や友人から運転資金を借り、（いまだから明かしますが）ついにはサラ金へ。サラ金ばかりが入居している鉛筆のように細長いビルの上から下まで、全フロアの業者を制覇、なんてこともありました。

「ブレない」軸のもとに人は集まってくる

そうして自転車操業を続けるうちに、少しずつながらコアなお客さんがついてくれるようになり、主に彼らの口コミを通じて、店の認知度はゆっくりと世間に広まっていきました。

色の衝撃にプラス、売っているものは知名度の低い、それまで見たこともないようなインディーズブランド。店のディスプレイは経営者の気まぐれでしょっちゅう変わるし、鼓膜をつんざくような大音量で音楽が鳴っている。

6%DOKIDOKIはひどくエキセントリックな、おそろしいまでに「客を選ぶ」店でしたが、そのことに驚き、また面白がってくれる人たちがだんだんと増えてきたのです。

そのころ、ファンになってくれたお客さんからよく言ってもらえたのが「(商品の)セレクトが面白いね」という感想でした。

たとえば「ジップロック」というブランドの食材用パックの商品がありますが、それをアメリカへ行って、向こうの100円ショップ的な店で仕入れてきては自分の店に並べる。

一見すると、派手な洋服や雑貨の中に生活用品が交じっているようにしか見えませんが、ぼくには「ただの『ジップロック』」を売っているつもりは毛頭ありません。

ひとえに、その「ジップロック」の箱の色あいが面白いからという理由で仕入れて売っているのです。レコードでいえばジャケ買い（店頭で見かけたパッケージデザインの印象だけで購入を決めること）をするような感覚でしょうか。

外国人のお客さんがそれを見つけて、「なぜ、ここで『ジップロック』を？」と不思議そうな顔をする。ぼくは「いや、あの色、すごいでしょ」――当初は何につけ、そんなはみ出し感、ツッパリ感が全開でした。

「お客さんの来ない店」から「ポップカルチャーの聖地」へ

6％DOKIDOKIの最初のヒット商品は、「24時間テレビ」の黄色いTシャツです。

放送が終わって不要になったと思われる大量のTシャツを、ある廃棄工場から1キロ100円くらいで買ってきて、年代別に並べて売ったのです。「これは○○年モノだからレアだよ、高いよ」などと適当なうんちくをつけながら。

なかば思いつきの苦肉の策でしたが、これが当たりました。それだけでなく、「24時間テレビのTシャツを年代ごとに並べて売っているユニークな店」として注目を集めるようになり、時期を同じくして、ある雑誌の取材でソフィア・コッポラが店にやってきたのです。

当時はまだ映画監督というより、ファッションリーダー的な存在で知られていた彼女が「TOKYOらしい、クレイジーなお店だ」と驚き交じりで称賛してくれ、その記事が見開きで雑誌に掲載されました。

それが口火となって、6%DOKIDOKIはさまざまなメディアに紹介されるようになりました。お客さんの数も増え、単価は小さくとも、レジの音がいつも店内に響くようになっていきました。

もちろん、経営はまだまだ苦しくて、初めて利益が出たのは開業から1年半後のことです。

でも、そこからやがて6%DOKIDOKIは**「どんなファッションの文脈にも属さないまったくインディペンデントな店」「若い世代のエネルギーや独特の感性が集**

まる場所」としてメディアでもてはやされ、知名度が急速に上がっていったのです。

さらには、この勢いに乗り、自分と同じような感覚を持った人たちを受け入れることも積極的に行っていきました。

自分たちが独自にデザインした商品（洋服からアクセサリーまで）を置いてほしいというリクエストを持ち込んでくる人も次々と現れ、そういったインディーズブランドを店であつかうこともありました。

その中には既成の価値観や概念を皮肉ったり破壊したりしようとする、ぼく好みの危険な匂いの、パンクでノイジーなものが多く、そうしたデザイナーたちとクラブイベントを開くなどして、コミュニティをどんどん増やしていきました。

やがて、訪れる人たちの熱狂も手伝って、６％ＤＯＫＩＤＯＫＩはポップカルチャーのちょっとした「聖地」ともなっていったのです。

時代は世紀末、西暦２０００年のミレニアムがそこまで迫っているころでした。

CHAPTER 2

「光」と「影」が人の心を強くする

「影」があるから「光」は存在できる

「影」があるから「光」は存在できる

光が強ければ、それがつくり出す影もまた濃いもの――。

毎日がお祭りみたいににぎやかで、はなやかな原宿の街にも、そのカラフルな色彩を反転させたような悲しみや苦しみの影を宿した人間が集まり、その人の数だけのストーリーが折々に編まれています。

ずっと昔、原宿の表参道を横切るように流れていた渋谷川（隠田川）はいま暗渠《あんきょ》の下水道になっています。

おしゃれに着飾って街を行く人びとの足もとを、排せつ物の混じった、暗くよどんだ地下水が流れている……。

この暗渠の外と内、光と影の強烈なコントラストそのものを、原宿という街はいつも内蔵しているように思えます。

その街で長く店をやっていたために、ぼくはいろいろな若者たちが目の前に現れては去っていくのを定点観測のように見てきました。

人生の中の一定の時間を原宿に捧げ、成長とともに街を離れて、それぞれの道を歩んでいく。

その中には結婚して幸せな家庭を築く子もいれば、就職してキャリアの世界でバリバリ働く子もいる。また、そうした「優等生的」なコースからは外れて夜の街へ流れていく子もいれば、若さのただなか、みずからの意思で命を絶ってしまう子もいる。

ぼく自身が光よりも影に惹《ひ》かれる人間であるせいか、明るい笑顔を見せて日の当たる側だけをなんの疑いもなく歩くことのできる子は、原宿には少ないように感じています。

10代から20代にかけての、あのきらめくような時期を、彼らはもがき、葛藤し、傷つき、それぞれに美しい思春期を燃焼させたり、空回りさせたりしながら、やがて大人というものになっていく。

そういう彼らをながめていると、ぼくはときどき、いや、かなり頻繁に、自分自身の過去を早回しで再生して見ているような気にさせられるのです。

「自分の居場所」を求めて原宿に通った10代

ぼくもまた10代のころ、彼らと同じく、渇いたのどをうるおすように何かを求めて原宿へ通っていました。

生まれ育ったのは千葉県の松戸ですが、家にも学校にも地元にもなじめず、ぼくは自分自身の10代の重さを持て余す日々を送っていたのです。

時代は1980年代、バブル全盛期のころ。

当時、郊外や地方の男子高校生の半分くらいは「ツッパリのヤンキー文化」にかぶれていて、ぼくも例にもれず、格好だけ不良の真似事《まねごと》をしたり、人気だったアイドルグループ・チェッカーズのようなファッションや髪型でバッチリキメてみたり……と、いま思えばノリがどうしようもなく昭和で、死ぬほどダサい、その過去の記憶をすみずみまで削除してしまいたいような黒歴史がありました。

そうした地元での田舎くさい行動に嫌気がさして、ぼくはやがて東京へ通うようになりました。土曜日の夜になると、仲間とつるんで、渋谷や原宿へと繰り出すようになったのです。

1人では抱えきれない「孤独」を持ち寄って

午後11時49分、営団地下鉄・千代田線の「代々木上原」行き。この松戸から都心に向かう最終の電車がぼくの専用列車でした。

日づけの変わった深夜、表参道の駅で降りて渋谷か原宿まで歩く。明け方までゲームセンターやディスコ（いまでいうクラブ）、代々木公園などで遊びながら時間をつぶす。

仮眠をとるのはたいてい深夜までやっている喫茶店か、そうでなければ路上、つまり野宿です。場所は、ラフォーレビルや当時竹下通りに多くあった半地下の店の前でした。

そして翌朝になるとホコ天（歩行者天国）へ出て、顔見知りの仲間と合流して踊ったり、いろいろなバンドの路上ライブを冷やかしたりしながら日曜日の午後をだらだらと過ごす。


スマホもSNSもない時代に、ホコ天は原宿好きの若者にとって一種のコミュニティのような役割を果たしていました。

そこへ行けば、同じようにふだんの生活に生きづらさを抱え、行き場所を求めて集まってくる、趣味嗜好《しこう》の似通った連中と出会うことができる——。

彼らとともに音楽を聴いたり、なんということもない会話を交わしたりしていると、ぼくはよく共犯意識にも似た「大人の知らない世間の片隅で、自分たちだけが知っている『なんだかすごく悪いこと』を共有している感覚」が、体の内側に湧いてくるのを感じたものです。

日ごろ、ものの考え方にしてもファッションにしても「人と同じ」であることを忌み嫌っているくせに、かといって、1人でいる孤独には耐えられそうもない。週末だけという限られた時間の、うわべだけの友情や連帯意識であってもいいから、それぞれの心の中にある「渇き」みたいなものをわかり合える仲間がほしい……。

みんな、そうした虚《むな》しさや焦りを内部に抱えながら、何をするわけでもなくつるんで、たむろして、無目的な時間を費やしている。

だから、行きとは違って、帰りの足取りはひどくけだるくて、ぼくは砂を嚙むようなしらじらとした思いを抱えながら、松戸に戻る電車から眼下を通り過ぎる江戸川をながめていました。

だけど、翌週になれば、また渋谷、原宿が恋しくて、代々木上原行きの深夜の地下鉄に揚々と乗り込むのです。

いま思い返せば、ひどくもどかしい、何も生みだすことのない時代でしたが、しかし、それもまたまぎれもない青春の一形態であり、それなしではその後の人生が成立しないほど、大事な1ページでもあったといえます。

どうすれば「ふつう」に生きられますか？

どうすれば「ふつう」に生きられますか？

人には、自分が人と違っていることを不安に思う気持ちと、それをちょっと誇らしく思う気持ちの両方があるようです。

いまでこそ、世の中に「ふつう」はないということが、はっきりと理解できます。**「100人いれば100通りの別々の事情があり、1人として同じ環境や境遇にある人などいない。したがって、『人並み』とか『ふつう』といったものは概念としては存在しても、現実にはどこにも存在はしない」**と。

けれども、かつてはそのことがわからず、ふつうを愛すべきなのか、それとも憎むべきなのか。そのことに悩み、悩むことで勝手に生きづらさを増幅させている時期がありました。

もっとも深い記憶は、小学校低学年のころまでさかのぼります。

放課後、学校から帰宅しても、呉服店を営む家の商売が忙しかったせいで、ぼくは商売の邪魔だからと外へ出されることがよくありました。

そのため外で近所の友だちなどと遊ぶのですが、夕方になると、みんなそれぞれ自分の家に帰っていきます。

ぼくの家だけは明らかに夕飯の支度ができていないので、帰ることができません。友だちの家で遊んでいても、夕飯の時間になると、その家の食卓に並んでいる、おいしそうな手づくりハンバーグやポテトサラダを横目で見ながら、外へ出ていかなくてはならない。


そのうち、ぼくは空腹をよその家で満たすことを覚えました。

今日はあの家に寄って唐揚げを食べさせてもらおう、明日は別の家でカレーライスだ……。そんなふうに同級生の家や近所の親しいおばさんの家を渡り歩いて、ちゃっかり夕飯をご馳走《ちそう》になるのです。

あるいは、商店街の喫茶店やお寿司《すし》屋さんに立ち寄って、スパゲッティやトロやウニやイクラといった、ぜいたくなディナーを1人でとることもしばしばでした。もちろん代金はツケで、あとで親が払っていたようですが、けっして「ふつう」の子どもにふさわしい行為とはいえません。

さらに、いずれは進学のためにと両親がぼくのために積み立ててくれていた100万円近いお金を、銀行から少しずつこっそりと引き出して、使い果たしてしまったのもそのころのことです。

さすがに両親からは叱られましたが、正直なところ、当時のぼくに良心の呵責《かしやく》や罪悪感はゼロでした。

「自分だけは違う」という思いの裏に隠された本音

小学生がそんな大金を何に使ったのかといえば、友だちを引き連れての遊園地巡りや「仏像」見学などです。

とくに同年代の子どもがウルトラマンなどのヒーローものに夢中になる時期、ぼくは1人仏像にはまっていました。

きっかけは覚えていませんが、同級生が怪獣図鑑などに熱心に見入っているときに、ぼくだけ本屋さんや図書館などで写真集を飽きずにながめていたものです。

そこで、銀行から勝手に引き出したお金を握りしめて1人で鎌倉のお寺へ出かけ、仏像を前に悦に入ったり、さらにエスカレートして、仏像の本場（?）である京都を新幹線で訪ねたりしたこともあります。

昭和の時代はまだおおらかで、小学生が1人で新幹線に乗っていても「ぼく、1人でおばあちゃんのところへ行くの？　エラいわねえ」などと勝手に推測して、親切にお弁当やミカンまで分けてくれる大人もいました。

京都へ着いて、東寺あたりを訪ね、門をくぐって参道を行くと、やがて伽藍《がらん》が見えてくる。その広大な内部に入り、鎮座されている本尊の薬師如来や日光・月光菩薩《ぼさつ》の巨像と対面する。

その一連のスペクタクル感や、生で見る彫刻芸術の迫力はひとしおのものがあって、幼いぼくを興奮させるのに十分だったのです。

当時、ぼくは怪獣やら正義のヒーローやらに夢中になっている同級生を見て「子どもっぽい、バカな連中だ」と思うことがありました。

また、幼稚園などのお遊戯で手をつないで踊ったりするのも恥ずかしくて仕方がなく、自分がそれを無理じいさせられるのは屈辱以外の何ものでもない、といったふうにも感じました。

子どもの無邪気さというものを、憎むとまではいかなくとも、およそ信用していなかったのでしょう。

子どもらしさに欠けた、そうした上から目線の感情も、とどのつまり「おれはふつうとは違うぞ」という自意識——裏を返せば、不安と誇らしさの表れ——であったのかもしれません。

「理想」とかけ離れた「現実」を乗り越えるために

ぼくが育った家もまた、「ふつう」とは程遠い家庭でした。

それについては以前『家系図カッター』(KADOKAWA)という本で詳しく書いたので、ここでくり返すことはしませんが、単純にいえば、家庭そのものさえも「ふつう」とは違う、いわば「壊れた」家庭だったのです。

いまでもトラウマに近い形で強烈に記憶に残っているのは、母がつくる(つくるともいえない)料理の惨憺《さんたん》たるメニューです。

夕食の献立は白ごはんとスーパーで買ってきた刺身だけ。夏の昼ご飯はそうめんのみ。しかも、ツユは醤油《しょうゆ》をただ水で薄めたもの。こんなことが日常茶飯事でした。

中学生になってお弁当を持っていくようになると、昼ご飯の時間は悪夢さながらでした。

白ごはんの横に、封も切られていないパック入りの冷凍ハンバーグだけがドサリと置かれている。あるいは、マクドナルドでテイクアウトしたフライドポテト――時間がたってふにゃふにゃにしなびた――が唯一のおかずという日もあれば、白ごはんとリンゴのみという日もありました。

万事がそんな具合ですから、クラスメートからお弁当の中身をのぞかれるのが嫌で、弁当箱のフタや腕で隠すようにしながら、そそくさと胃袋の中へ流し込んでいたことを覚えています（母の威厳のために補足しておくと、現在は人並みにおいしい料理をつくれるようになっています）。

ぼくは母が20歳のときに生まれたので、きっと子どもが子どもを産んだようなものだったのでしょう。

幼児のころ、ぼくは耳がほとんど聞こえない難聴の病気をわずらっていましたが、家業が忙しいせいもあって、母も父もわが子が4歳になるまでそのことに気づかなかったくらいです。

そんな家は、当時のぼくにとって一種のディストピア（理想郷の正反対）でした。

当時、男の子でありながら女の子の好むようなファンタジーに夢中になったり、やはり女の子向けの「魔法使いサリー」や「魔女っ子メグちゃん」といった魔法ものに強く惹かれたりしていたのも、そうした家庭の現実から逃避したい欲望が拍車をかけていたのかもしれません。

あるいは夕食をよその家で食べていたのも、家のお金を使い込んで平気だったのも、家庭や親から逃避したり反抗したりする心理が作用してのことかもしれないと、いまになってふり返るのです。

抜け出したくても抜け出せない「負のスパイラル」

時代が昭和から平成に変わり、高校卒業を控えるころになると、地元の友だちや居場所を求めて通っていた原宿の遊び仲間の間にも、それまでとは異質な空気が流れるようになりました。

大学受験のために勉強を始めるやつ、就職情報を集め出すやつ……中には「おまえもそろそろ将来のことを考えたほうがいいぞ」などと説教をするやつもいて、ぼくは急にはしごを外されたような気になったのです。

要するに、みんな「ふつう」へ戻る準備を始めていました。

ぼくは仲間のそのすばやい変わり身を信じられない心持ちで呆然《ぼうぜん》とながめるばかりでした。

「なんだよ、一生の友だちだと誓ったんじゃなかったのかよ」「このままなんとか、楽に生き抜いていくはずじゃなかったのか」と。

自分自身は大学になんか行きたくないし、まだまだ社会へ出て働く気にもなれない。かといってむろん、これといってやりたいこともなければ、できることもない。ただ、いまのこの、それなりに心地いいぬるま湯の中にもう少しだけ浸っていたい——。

そんなことを考える日々に、しまいにはもう、何もかもが嫌になっていました。家も学校も仲間も、そして、煮え切らない自分も……。いつまでもこんな街にいたら、底なし沼から抜けられなくなってしまう。

「とにかくいまのままではダメだ。人生をみずから台無しにしてしまうことになる」

そんな不安と焦りにあおられて、ぼくはそれまでの生活のすべてをリセットすべく、家を出て、地元を離れることにしたのです。

そこには「残酷な現実」が待っていた

すべてを断ち切るために向かった新天地は、大阪でした。

本当ならニューヨークやロンドンといった最先端の都市に海外留学などして格好をつけたかったのですが、中途半端な自分にそこまでの勇気はなく、国内で折り合いをつけるしかなかったというのが正直なところです。

「行きたい専門学校が大阪にあるから」という適当な理由で親を説得して、学費や生活費などを出してもらう段取りをつけました。そして高校卒業と同時に、手荷物ひとつぶら下げて大阪へ向かったのです。

しかし、人生をやり直すために新しい土地へ来たはずが、自堕落な生活は以前と大して変わることがありませんでした。

入るはずだった専門学校は入学願書に記入漏れがあったために受けつけてもらえ

ず、アパートの部屋へ持ち帰ったまま再提出することなくずるずると時間だけがたち、結局、一度も通うことはありませんでした。

そんなありさまでしばらくの間ニート生活を続けていましたが、とにかくアルバイトくらいはしようと、居酒屋さんでランチタイムの皿洗いの仕事を見つけて働き出しました。

最初のうちこそ、東京から来たというのでバイト仲間から珍しがられていたものの、ぼくが緊張や気負いのためか妙に虚勢を張っていたり、東京の言葉しかしゃべれなかったりしたこともあって、やがて「こいつ、何すかしとんねん」などと言われて、反感を買うようになってしまいました。

ぼくはぼくで毎日が不安で仕方がない。

知らない土地のアパートの一室でひとり天井をながめながら、「自分はここでいったい何をしているんだろう」「自分は何者なんだろう」「この先どうなってしまうんだろう」――そんな将来への不安で頭がいっぱいになって、夜もおちおち眠れません。

そのまま朝になっても眠れず、ふと気づいたときには寝落ちしていて、バイトに遅刻することもしばしばでした。

そんなことが続くうちにアルバイト先の先輩店員からこっぴどく叱られ、それがきっかけでクビになってしまいました。


それからはほとんど部屋を出ないひきこもりの生活が続きました。

何をするのでもない、完全無欠な無為の日々。

唯一やっていたことといえば、当時大阪で人気だったダウンタウンのテレビ番組をビデオに収め、それに日付を書いたラベルを1枚1枚丁寧に貼ったものを、本棚にキレイに並べる、という作業だけ。

そんなふうに、大阪でも結局、ぼくは何をすることもできなかったのです。

大阪で過ごした時間は、「ふつうに暮らすことさえ、おまえには難しいことなんだ」と、ぼくにあらためて思い知らせ、無力と屈辱とコンプレックスを植えつけられたような時間であったともいえます。

1冊の「本」との出会いが人生を変えた

その後、ぼくは東京へ戻ることになりますが、大阪にいた2年間で唯一、収穫と呼べるものがありました。

それは、「ぼくの未来」にとってきわめて貴重な収穫でもありました。

先に述べたような無為な生活を1年半以上も大阪で送っていた夏。お金もなく、やることもなく、クーラーのないせまい部屋にいても暑いばかりなので、日中、近くの図書館で過ごすのが日課になっていました。

ヒマつぶしに棚の本を片っぱしから読み散らしていたあるとき、1冊の本が目に飛び込んできました。

葬式を連想させるような白と黒のストライプに、唇のイラストをあしらった不思議な表紙。

タイトルは『書を捨てよ、町へ出よう』。
筆者は寺山修司という人でした。

表紙とタイトルに惹かれるものがあってなんとなく読み始めたのですが、内容はところどころ理解できないながら、ページを繰っていくたびに刺激的な言葉やフレーズが次々と目に飛び込んできます。

うまく説明できませんが、**そのとき自分が必要としていたものが、すべて凝縮されている、**とでもいいましょうか。本として書かれていること以上に、言葉のひとつひとつが鋭い矢のように突き刺さってきて、ぼくを励まし、鼓舞するようでした。

そのときにぼくが受けた強い衝撃は、その本のタイトルに象徴されていました。

『書を捨てよ、町へ出よう』――本なんか読んでうじうじと考え込んでいるくらいなら、とにかく外へ飛び出して、裸足《はだし》で路上に立て——。それは、「考える」ことから「行動する」ことへと人をあおり立てる、過激なメッセージに感じられました。

以後、寺山修司の言葉に夢中になったぼくは、それまでの自堕落な生活が一変したかのように、毎日早起きをして熱心に図書館に通い、彼の本を次々と読破していったのです。

「人と同じ生き方をする必要はない」

寺山修司の本からぼくが受け取った最大のメッセージは「人と同じ生き方をする必要などない」「既成概念なんかぶっ壊せ」という点に尽きると思います。

こうあるべきだ、こうでなくてはならない、こうするのが当たり前だ——世の中はそんな既成概念や固定観念、決まり切った価値観やルールでがんじがらめになっていて、人びとはその常識の〝檻《おり》〟の中で生きている。

でも、寺山はその当たり前や「ふつう」をこそ疑い、打ち破れと主張していました。**常識や既成概念が強いてくる不自由な鎖をふりほどいて、檻や枠の外へ出ていくこと。すなわち、「書を捨てて、町へ出ていく」こと。それこそがいま、人びとに必要な「革命」である。**

寺山はそんなふうに、発想の転換や予定調和の破壊を読者に迫っていました。

ぼく自身もまた、それまで既成概念の枠組みの中にあって、知らず知らず「ふつうであるべきだ」「人と同じであるべきだ」と考え、その窮屈な考えによって自分の中に生きづらさを生み、育てていたのかもしれない。

けれど、そもそも人と同じ生き方をする必要など、どこにもなかったのです。**考え方や生活スタイル、生きていくための手段やスキル。そういうものは人それぞれ違っていてしかるべきだ。つまり、「ふつう」でもなくていいのだ**——そんなふうに考えると、ぼくはそれまでとらわれていた抑圧的な思い込みから解放され、自分がどんどん自由になっていくのを感じました。

もちろん、こうした読み方が寺山修司の正しい解釈の仕方かどうかはわかりません。
ともかく読み進めるにつれて、自分の中で錆《さ》びついていた心の扉が開き、不安や焦り、生きづらさなどの負の感情がたちまち解消されていく実感を得られたのです。

そして……ぼく自身にも「書を捨てて、町へ出る」チャンスが訪れました。
ひきこもり生活に終止符を打って、もう一度東京へ戻ってやり直そうと決意したのです。

「東京へ戻って、何を、どこまでできるのかはわからないが、できることなら、寺山修司のような『表現』の世界に携わってみたい。たとえ才能に乏しかったとしても、1人のクリエーターとして『自分の表現』を追求してみたい」、そんな気持ちが高まってきたのです。

もがいた末にたどり着いた「自分の居場所」

ぼくが最初に「自分の表現」の場に選んだのは**演劇の世界**でした。

寺山修司とかつて関係があったといわれる劇団の公演を次々に観にいき、やがて、その中から過激で実験色の強い、ある劇団に強く惹かれるようになりました。

劇団といっても、ひとつの決まったストーリーを役者が演じるような「ふつう」の芝居をするのではありません。

寺山修司の時代には「ハプニング」とか「アングラ」と呼ばれていたような、意外性や即興性に富んだパフォーマンスを主体とする演劇集団です。

その集団の演じる前衛的かつ破壊的な、また、くだらないといえばひどくくだらないパフォーマンスに、「これが、寺山修司の言う『既成概念をぶっ壊す』ということか！」

と夢中になったぼくは、みずから志望してスタッフの一員として働くようになり、そのうち演出のアイデアなどを提供するようにもなっていきました。

ストーリーとはまったく関係なく、役者が観客席に降りていき、お客さんのはいている靴下を脱がせて、それを舞台で洗濯する。

あるいは、客席の中にそこだけ入場料の安い席をつくり、その席ではお客さんに後ろ向きに座ってもらう。当然、舞台は見えないが、「想像で補ってください」などと役者に言わせる。

そんな**常識とはかけ離れた、斬新ともギャクともいえない奇妙なアイデアを舞台で形にする。**

それが「表現」と呼べる水準に達しているかどうかは別として、ともかく自分の内的な衝動や感性の表現が、多少なりとも見ている人の心を動かすことに、それまで経験したことのない新鮮な快感を覚え始めていました。

「増田セバスチャン」はこうして生まれた

演劇時代、もうひとつやったのが「芸名」をつけたことです。

劇団に所属していた時期、ぼくはときどき役者として舞台にも立っていましたが、本名が平凡なせいもあって、もっとインパクトのある名前がほしいなと思うことがありました。

古い名前を捨てて新しい名前をつけることで、何かと煮え切らない自分を別の人格に生まれ変わらせることもできるのではないか。そんな気負いや変身願望も、そこにはあったかもしれません。

かといって、それほど真剣に考えていたわけでもなく、そのころのアーティストにはカタカナ交じりの変な名前を名乗る人が多かったので、それにならって、どうせつけるのなら耳に残るインパクトのある名前がいい。

そう思いながら、新宿のゲームセンターに「幸運を呼ぶニックネーム占い」という機械があったのを思い出して出かけていきました。

１００円玉を入れて、生年月日やその他の個人情報を入力すると、小さな紙が出てくる仕組みです。

紙を広げてみると、そこには「ゴンザレス」「セバスチャン」という2つの名前が啓示のように記されていました。

ゴンザレスはちょっと自分には合わないかなと思い、結局もうひとつの「セバスチャン」を選ぶことにしました。


「増田セバスチャン」


鎖国時代の日本に布教にやってきて、結局は災難に遭う宣教師みたいな名前ですが、憶えやすいし、悪くありません。

以来、ぼくはそのセカンドネームを名乗ることになり、いまは本名以上に、この「芸名」に強い愛着を覚えています（もしかすると、本当にこの名前が幸運を呼んでくれたのかもしれません）。

どうすれば「色のない」世界で自分を表現できるか？

「増田セバスチャン」という名を最初に聞いて、多くの人が抱くのは「ふざけた名前だ」という印象かもしれません。

当時、ぼくが行っていたアートパフォーマンス活動に対しても、それと同様の反応や評価が返ってくることが頻繁でした。

このころすでに、ぼくは「自分の表現」のテーマとして「色」を強く意識するようになっていました。それも、カラフルで豊かな色彩です。

１９８０年代後半当時、アートやファッションの中でもっとも最先端にあったのは、鉄や機械、コンピュータといった、来たるべき近未来を連想させる、白や黒などの無機質なモノトーンの世界観でした。

いわば、「色のない」モードなファッションがカッコいいとされている時代だったのです。

もちろん、ぼくもその世界観にあこがれはあって、真似をしようとはしてみるのですが、なんだかしっくりこない。

そこにリアリティも感じられず、また、自分が同じ流れで表現しようとする限りは、それこそ既成概念の二番煎じになってしまい、「自分の表現」まではとうてい到達できません。

そこで、**自分自身の源流をさかのぼってみたところ、浮かび上がったのが子どものころの松戸の商店街や、2年間を過ごした大阪の下町などで目にした、ある種「下品」で「俗っぽい」色づかいでした。**

そして、寺山修司が生きた時代の新宿界隈のカルチャーや、フラワームーブメント、そこから系譜をつなげるアメリカ西海岸のカラフルな色彩感覚なども後ろ支えとなりました。

すなわち**「脱既成」の概念**です。

そこで、さっそく自分なりのリアリティを詰め込んだパフォーマンス公演を何度か試みたのですが、同世代のみんなは面白がってくれても、大人たちからはそのつど酷評や否定の声しか返ってきません。

たとえば、何トンもの本物の生クリームを使った巨大なバースデー・ケーキを用意し、そこにめがけて「お菓子の燃料で動いている」という設定でつくった車をドーンと突っ込ませて破壊するパフォーマンス。さらに、色とりどりのロケット花火を打ち込んでエンディングを迎える。

あるいは、消費社会への皮肉とばかりに、カラフルなパッケージのお菓子をこれでもかというくらいたくさん集めてきて、中身を腐らせたうえで、生ゴミなどと一緒に買い物用カートに入れて会場内に並べ展示する。

こうしたイタズラ心たっぷりのイベントを行っては満足感にひたるぼくの自負とは裏腹に、返ってくる反応は冷たいものばかりでした。

「当タリ前」ニモ負ケズ、「批判」ニモ負ケズ

美術関係者からは**「こんな幼稚なものがアートだと言われたら、日本のアートもおしまいだ。おれはおまえを絶対認めないからな」**などと、面と向かって酷評を浴びせられたこともあります。

あるいは、**ぼくらをひとくくりにして「バカ系」と分類した評論家もいました。**

こうした有無を言わせない批判は、20代前半のぼくのメンタルに少なからずダメージを与えました。反論するすべや言葉の持ち合わせもなく、悔しさを押し殺して黙り込むほかありませんでした。

けれども、だからといって「自分の表現」を止めるわけにはいきません。

「それなら、継続的に作品を発信し続けられる方法はほかに何があるだろう？」

あらためてそう考えたとき、頭に浮かんだのが、ふだん買い物に行っていた原宿の

ブティックや雑貨店でした。

「店」という形態ならどうだろう。店ならば、その評価基準はお客さんが商品を買ってくれるか否かにしかない。多くの人が認めてくれれば店は繁盛するし、認められなければつぶれるだけだ。そこには演劇批評につきものの、いい加減さやあいまいさなどみじんもない。

そうしてぼくは、それなりに長い遍歴を経て、表現の「場」を劇場やギャラリーから、原宿の6％DOKIDOKIという店へと移すことになったのです。

人生に「正しいコース」なんて存在しない

人生に「正しいコース」なんて存在しない

こうふり返ってみると、20代を前後する時期、ぼくは自分なりの生きづらさを内部に抱えて、あるときはそれに手ひどく打ちのめされながら、また、あるときはそれを表現の原動力としながら、自分の生というものになんとか形を与えようと必死でもがき続けていたことに気づかされます。

もちろん、その生きづらさはぼくだけに特有のものではなく、**さまざまな時代の「若者」に共通しうる、いわば普遍的な生きづらさ**でもあるでしょう。

松戸時代から大阪時代にかけて、ぼくの生きづらさの源泉は**「ふつう」のレールから外れた不安**にありました。

高校は卒業したものの、大学へ通っているわけでもないし、社会へ出て働いているわけでもない。どこにも属さない、だれからも認められない。住所こそあれ、生の本籍をもたないようなひきこもりの生活を続けている自分。

その自分が、世間の求める「正しいコース」から脱落している自覚は十分すぎるくらいにありました。

かといって、社会の規範や常識の外で生きていく方法を思い描いたり、身につけたりできているのでもない。

先の見えない不安と葛藤の泥の中でもがき、あがくほか方法がありませんでした。

寺山修司の本に出会ってようやく「人の生き方や生活のスタイルは百人百様であっていいし、そこに『こうあるべき形』なんか存在しない」と気づくことができましたが、そこにたどり着くまで、ぼくはやはり「ふつう」ということをとても意識し、こだわってもいました。

だから、大阪でひきこもっていたころは「やっぱり大学に入って、人並みでまともなコースをたどり直そうか」と何度も考えては、心は荒れた海に漂う孤独なボートさながらに、不安定に揺れ動いていたのです。

つまりは、**ふつうに徹する覚悟もなければ、ふつうを捨てる覚悟ももてない——その中途半端な弱さに、当時の生きづらさの原因があった**といえるでしょう。

そしてもうひとつ、**コンプレックス**もまた、ぼくに生きづらさを感じさせてきた大きな要因です。

思えば、ぼくは小さいころからいろいろな劣等感を内に抱えている人間でした。

呉服店という家業を嫌って「なぜふつうのサラリーマンの家に生まれなかったんだろう」とうらんだり、人並みの家庭すら築けない両親を憎んだり、難聴で耳がほとんど聞こえない時期があったことをだれにも打ち明けられなかったり……。

「なんとかしたい」ともがけばもがくほど、自分の手元にはマイナスのカードばかりが集まってくるのです。

表現をするようになればなったで、自分のやりたいことはアートのメインストリームにあるものではなく、はじっこのほうでサブカル的に細々と活動するたぐいのものであったうえに、そこでの表現すら全否定され、まともに評価されない。さらに、原宿に店を開けば開いたで、「こんなのは店じゃない」と酷評される。

「アートじゃない」「ファッションじゃない」「ビジネスじゃない」――自分のやることなすことが、ことごとく一刀両断されていったのです。

当時のぼくは、そういうことのすべてが自分のネガティブな要素に感じられて、自分の中の劣等感をふくらませていました。

コンプレックスは必ず「強み」に変えられる

そうしたコンプレックスは、じつはいまでも完全に解消されたわけではありません。

その点で、コンプレックスはぼくにとって、消そうとしても消せないタトゥーみたいなものでもあれば、一生つきあわなくてはいけない親しい悪友のような存在でもあるのかもしれません。

でも、ひとつたしかにいえるのは、**コンプレックスがあるからこそ、それが自分の前に立ちふさがるネガティブな状況を切り崩し、切り拓《ひら》いていくエネルギーにもなる**ということです。そう思えるようになるまで、ぼくはなんとか生き延びてこられた、ともいえるでしょう。

コンプレックスや欠点、自分の弱さがもたらす苦しさや困難。

それらを愚直にはねのけたり、不器用に処理したり、回り道してやり過ごしたりするうちに、完全には解消できないまでも、飼いならして、ときにうまく活用するすべを覚えてきたし、それとともに自分の中の生きづらさも次第に縮小していった――なんとなく、そんなふうに感じています。

自分の表現を否定されたときも、ひどく悔しい思いをしましたが、その悔しさにつぶされそうになる一方で「いまに見てろ、いつかリベンジしてやるぞ」という反発心がぼくの中で小さくない力を生み出していました。

見かけによらず負けず嫌いな人間ですから、反発や反骨の思いを――いつか2倍、

3倍のカウンターパンチとして繰り出す日のために――エネルギーとしてひそかに充塡していく。

そうしてコンプレックスを行動へ結びつける原動力へと変えていく。

そんなもくろみを内心に抱いていたことも事実です。

あるいは前述の『家系図カッター』という最初の本を書いて、だれにも言えなかった自分の生い立ちを洗いざらいぶちまけてしまったのも、コンプレックスの核となっている自分の「暗い部分」をあえてさらけ出すことで、自分自身をもう一度ゼロ地点へ戻したかったからです。

できることなら見えないところに押し込めておきたい、心の暗い部分と向かい合うことはけっして楽なことではありません。

だから、あの本については、いまだに複雑な気持ちが拭えず、自分で書いておきながらだれにも読んでほしくないし、出版しておきながらあまり人目にふれてほしくないのです。

それでもあえて本という形で表現したのは、自分をさらけ出すことが作品としての強度を高めることにもなること、そして、それが自分の表現を再構築するために不可欠な〝告白〟であるとも考えられたからです。

つまり、あれはぼくがアーティストとして自立する際の、不格好な決意表明のようなものだったのです。その証拠に、本を上梓《じょうし》した2011年、ぼくの人生は急激に動き始めました。

いずれにせよ、そうした愚直で泥くさい反発心、ときには復讐《ふくしゅう》心をバネにして行動していくことが、コンプレックスという弱みを強みに変えうる最大のきっかけになることを、幸いにも経験を通じて学ぶことができたのです。

「ダメな自分」からスタートしよう

カワイイムーブメントが世界的な広がりを見せているいま、海外のカワイイファンの間に**不思議な「逆転現象」**が起きています。

というのは、彼らの中に**「日本人みたいに背が低くなりたい、鼻を低くしたい」など、日本人が自分たちの欠点と考えてきた部分を、むしろうらやましく感じる人が出てきている**のです。

欧米人のバービー人形みたいなパッチリとした大きな瞳や通った鼻筋、八頭身の脚が長くてスラリとした体型などは、いつも変わらず日本をはじめアジア人のあこがれの対象だったはずです。

けれども、それとはまったく逆の美的感覚が、当の西洋の若者の中に生まれつつあります。

たしかに日本発のカワイイファッションは小柄できゃしゃな日本人によく似合う半面、背が高く、彫りの深い顔立ちの外国人が身につけると大味になりやすい印象があります。

そこでは、ある人がコンプレックスと感じる部分が、別のある人にとってはチャームポイントへと逆転している。

このことは、人の感覚が立場によってコロコロと変わる相対的なものに過ぎないことを示してもいれば、マイナス面が必ずしも人の弱みとしてばかり作用しないことも表しています。

「ないもの」に目を向けている間は1ミリも動けない

こうした現象もふまえて、コンプレックスにさんざん悩まされてきたぼくが、いまコンプレックスに悩んでいる人に伝えられることがあるとすれば、まさに「**コンプレッ**

クスからスタートしよう」ということです。

コンプレックスはもともと不足や未熟といった「欠落意識」から生まれるものですが、その欠けているところに人間の個性が表れることもある。あるいは弱点や欠点にこそ「その人らしさ」が生じることも珍しくありません。

だから、**コンプレックスを解消してしまったら、同時にその人の魅力も消失してしまうかもしれない**のです。

また、人は長所で嫌われ、短所で好かれるということもあります。

欠点があるということはほかの人と違うものをもっているということでもあるから、それを弱みやマイナスとばかりとらえる必要はありません。

自分にないものをもっている人をうらやましく感じ、「なぜ、自分はそうではないのだろう」と劣等感を覚えることは人間の習い性みたいなものですが、でも、それは自分の置かれた現在地を否定する行為にほかならない。

「あの人みたいにきれいになりたい」「もっとお金があればなあ」とうらやむばかり、

あこがれるばかりでは、その現在地から1ミリも動けません。

自分がダメな人間だと自覚しているなら、ダメじゃない他人にあこがれる気持ちをいったん捨てて、その「ダメな自分」から始めることが肝心です。

コンプレックスをむやみに否定したり、無理に克服しようとしたりするよりも、それをアドバンテージに変えていく手立てを考えることが大切なのです。

先にも述べた通り、ぼくは生まれつき耳の管が細く、ものごころがつくころまで、あまり耳が聞こえませんでした。

その難聴状態は小学校に上がるころまで続きましたが、聴力がなかったからこそ、視覚が敏感になって、いまに続く色彩感覚が養われたと思っています。

そんなふうにコンプレックスがアドバンテージとして働く、つまり、ある部分での欠点が別の部分の長所として作用する。そういうことも人間にはしばしば起こることです。

欠落部分はけっしてマイナスだけのものではないし、コンプレックスからしか生まれないものもきっとあるはずなのです。

「魅力」にするか、「欠点」にするかは自分次第

30歳を超えて、6%DOKIDOKIの展開を東京以外の地域にも広げていた時期、ぼくは大阪で入りそこねた服飾の専門学校へあらためて通い直したことがあります。ファッション関係の基礎知識が身についていないのが不安で、ちょっとしたコンプレックスにもなっていたからです。

でも、いざ学校へ通ってみると、そこで教えていることは、ぼくがすでに実践を通して会得したことの焼き直しが少なくありませんでした。

現場で仕事をしながら学んでいたことがほとんどで、「なんだ、これなら店でもうとっくに経験ずみだ」と安心したのを覚えています。

世の中案外そんなもので、だから、自分で自分の道を切り開いていくなら学歴コン

プレックスもあまり意味はないし、それが「一流大学の出なんかに負けられない」というエネルギーに転換できるのであれば、その劣等感はむしろプラスに作用するでしょう。

人生の成り行きとは不思議なもので、かつて家族の反対によって美術の学校へ通えなかったぼくはいま、美術大学の客員教授として学生に授業を行っています。

この経験ひとつをもってしても、コンプレックスに永続性などないという実感を語るには十分だと感じています。

学校なんて、その人が必要だと思うときに行けばいいのだし、それがまた、いちばん効率的で身になる学習法なのですから。

ぼく自身、あれやこれやともがいたり、あがいたりしながら、なんとか自分のやるべきことをやっているうちに、いつしか気持ちがずいぶんと自由で楽なものに変わっていきました。

以前であれば、欠落部分を埋めようと必要以上に気負ったり、身構えたりしていた

ところが、肩の力が抜けて、客観的に自分の力量や作品を誇ったり、ダメ出ししたりできる素直な気持ちが生まれてきているのです。

それはつまり、かつてのコンプレックスからは解放されつつあることを意味しているはずです。解放されないまでも、それが自分の現在地として受け入れられるくらいの心の余裕は備わってきている。

あるコンプレックスを補って余りある「別の何か」が自分の中に形成されたこと。それが、その余裕をつくってくれたのです。

コンプレックスというのはトランプでいうところのジョーカーみたいなものかもしれません。

あつかい方次第で欠点にもなれば、魅力にもなりうる。生きる足かせにもなれば、翼にもなりうる。

どちらを選ぶかはきっと、その人の考え方、生き方次第なのだと思います。

CHAPTER
3

「カワイイ」で世界は変えられる！

世界共通の言葉になりつつある「KAWAII」

世界共通の言葉になりつつある「KAWAII」

カワイイムーブメントが世界に浸透しつつある中、**同じカワイイでも、世界の「KAWAII」と日本の「かわいい」では、その意味するところがかなり異なっている**ことにお気づきでしょうか。

じつはここが、カワイイを巡って日本人がもっとも混乱しやすい点でもあります。

「可愛い」「かわいい」と漢字やひらがなで表記される、日本国内で流通しているカワイイの意味は従来通りのもので、小さな動物や人形などに対して人間が自然に感じる愛情や感嘆を表しています。

赤ちゃんのやわらかい頬《ほ》っぺたをつつきながら、「まあ、かわいいわねえ」などというときの愛らしさのことで、この意味はすんなりわかってもらえるでしょう。

でも、**海外の人たちが「ＫＡＷＡＩＩ」というとき、そのカワイイは必ずしも「キュート（cute）」や「プリティー（pretty）」だけを意味しません。**

その指示する範囲はもっとずっと広いもので、いわば日本のポップカルチャー全体に対する称賛やリスペクトの言葉ととらえられます。

世界の人たちが最初に日本語の「カワイイ」を知ったのはおそらく、日本のマンガやアニメ、ファッションなどを通じてのことだったと想像します。

海外の熱心なファンたちが日本語をほとんど理解できないまま、大好きな日本のマンガやアニメを見ている。すると登場キャラクターが何かにつけて、「ＫＡＷＡＩＩ！」という言葉を口にしていることに気づく。

正確な意味はわからないけれど、どうやら何かを見て驚いたり喜んだりしたとき、何かを褒めたり、何かがひどくうれしかったりしたときに、その言葉を発しているようだ。

「そうか、日本人はカッコいいと思うもの、スゴイと感じられるものについては、そのほとんどを『KAWAII』と表現するのか」

そんなふうに、彼らはカワイイを感激や称賛を表す言葉として受け取ったように思います。


したがって、彼らが使用する「KAWAII」は、日本国内で限定的に使われている意味よりもはるかに広い概念を備えています。

たとえば、漢字やひらがなの文字をあしらったTシャツを見ると、それをカワイイと感じる。

寿司《すし》職人の手の中から魔法のように次々と繰り出され、台に置かれていくその色とりどりの小さな食べ物もまた、カワイイと呼ぶにふさわしいものと感じられる。

モノやキャラクターやファッションといった対象だけでなく、それらを生み出す日本的な感性や文化的な背景も含めて、彼らにとっては「カワイイ」という感嘆の対象となりうるのです。

海外から見た「日本」はどんな国か？

以前、日本の大人たちが「いまどきの若い女はなんでもカワイイですませてしまう」とボキャブラリーの貧しさを嘆いていたことがありました。

しかし、世界はもうそれどころではなく、**カワイイというキーワードが大きな吸引力と許容力をもつ世界共通の言葉となってきています。**

かつて、海外で紹介される「日本人」のイメージは、いわゆるメガネに出っ歯のオジサンが首からカメラをぶら下げている姿でした。

しかしいま、その役目は「カワイイ」を連呼する女子高生風の女の子が担うようになっています。**女子高生の「カワイイ」が、海外がとらえたいま現在の「ザ・ジャパン」なのです。**

スヌーピーやムーミンやミッフィーといった海外生まれの世界的キャラクターも、

日本語の「カワイイ」で形容される。

いっとき日本の若者文化の代表であったような渋谷系、原宿系、アキバ系といったファッションも、いまはその分類を飛び越えて「カワイイ」に取って代わられた感がある。

日本政府の肝いりで世界に発信されている「クールジャパン」のクールも、じょじょに「カワイイ」に吸収されている……。

そんな具合に「カワイイ」は想像を超える勢いと吸引力で国内外のポップカルチャーを巻き込み、集約しつつあるのです。


以前、アメリカ人の友人と話をしていたところ、英語圏で使う「クール（cool／カッコいい）」という表現はすでに少し古い感じがあって、オジサンたちが好んで使う言葉だという認識がある、と聞きました（日本語でいうと「ナウい」くらいの死語感でしょうか）。

だから、日本が「クール」をことさらアピールするのは――しかも、みずから声高にそれを名乗るのは――古臭くて前時代的な感じがつきまとうので注意したほうがいいかもしれない、と。

では、若い人たちは同じ「クール」に近い表現になんの単語を用いているのかと尋ねたところ、「オーサム（awesome）」か「アメージング（amazing）」、そうでなければ「カワイイ（KAWAII）」になる、という答えでした。

つまりはそれくらい、海外で「カワイイ」の認知度が高まっている。**「アリガトウ」や「コンニチハ」以上のポピュラリティを獲得した日本語として、「カワイイ」はいま世界に共有され、定着しつつある**といえます。

「おおらかさ」によって育まれたオリジナリティ

世界に「カワイイ」が広まった理由のひとつに、音と綴《つづ》りが「ハワイ」に似ていることがある、と言う人もいます。

「KAWAII」と「HAWAII」。

たしかに、違うのは頭文字だけで、発音のしやすさ、聞き取りやすさが「カワイイ」という言葉を広まりやすくした——いかにもありそうな因果関係です。

それが正しいかどうかはさておき、**もともと日本という国には「カワイイ」が生まれ、育つ文化的土壌があった**というべきでしょう。

それを象徴するのが、原宿の街中で目の当たりにする**文化的な「おおらかさ」**です。

たとえば、どんなに突拍子もない服装で歩いていても、「ああ。そういうファッションなのね」と、多少好奇の目で見られるくらいですみます。

これが欧米だと、さすがに排除されるようなことはないにしても、十分に差別や攻撃の対象になります。

また、欧米では「年齢相応」ということが社会生活上のマナーやルールにもなっていて、成人に達したら、服装も含めて大人にふさわしい言動やふるまいを求められる傾向が強いのです。

ぼくが１９９０年代に初めてアメリカで子ども向けのおもちゃや雑貨を買いつけてきたときも、現地の人からよく「大人向けの店なのに、なんでそんなものを買うんだ？　それは子ども用の品物じゃないか」と真顔で言われたものです。

つまり、「大人の文化」と「子どもの文化」がはっきりと分けられていて、その境界を超えることは彼らにとって許容の範囲外であったり、驚くべきことであったりするのです。

マンガやアニメなども同様で、欧米では「コミックは子どもの読むもの」という固定観念が、少なくとも日本のカワイイ文化が浸透するまでは、かなり強度な縛りとして存在していたようです。

これが日本となると、いい年をした大人が電車の中でもマンガを読みふけっているし、周囲もそれを当たり前の光景として受け入れています。

これもまたひとつの側面から見れば幼稚さ、未熟さの表れにも映りますが、一方で、やはり文化的な自由度やおおらかさの証明になりうるのです。

もし、「大人になったら子どもの文化を卒業しなくてはいけない」という欧米風の規範が日本においても強いものであったなら、この国からオタク文化が生まれることはなかったでしょう。

こんなふうに日本人はもともと自由でこだわらない発想をすることに長《た》けた民族なのです。

ほかにも、パティシエの国際コンテストなどがあると、日本人が上位に入賞することが多いという話を、聞いたことがあるでしょうか。

仮にそれがチョコレート菓子だとすれば、本場のベルギーやフランスあたりのパティシエは「チョコレートとはカカオが35％以上含有されてなくてはいけない」といった、伝統的なルールのようなものに縛られがちです。

でも、日本人はそういうルールを気にせず、たとえばチョコレート菓子に抹茶を混ぜてみたり、ユズの風味を加えてみたり、といった自由な発想によって、高い評価を得てきたのです。

世界トップクラスの「アレンジする力」

こうした自由さ、こだわりのなさから派生する日本人のもうひとつの特長が**「アレンジ」の知恵と技術**です。

海外の文化を積極的に取り入れると同時に、単なる受け売りにとどまらず、そこに必ず多少の工夫や改良を加えて「日本ならではのもの」に仕立てるのです。

古代、中国の漢字からひらがなを発明したのもそうなら、明治以降、トンカツみたいな「和風の洋食」をつくり出したのもそうです。戦後の工業製品にいたっては、そうした改良成果のオンパレードといえるでしょう。

オリジナルに工夫・改良をほどこして日本流に消化し、本家以上のものを生み出してしまう。

はやりの日本礼賛のように聞こえるかもしれませんが、そうした文脈は別に置いても、このアレンジの知恵と技術において、日本人ほど世界で卓越した人種はいないのではないでしょうか。

原宿ファッションにもそういう側面があって、外国から入ってきたものを日本流にアレンジして、オリジナルに仕立て上げてしまうわけです。

これは、原宿という街自体がかつてアメリカ軍のマーケットとして栄え、異なる文化をミックスしながら成長してきたという背景も影響しているでしょう。

原宿のストリート発祥であるデコラファッションと並んで、いまも海外で根強い人気があるロリータファッションの起源は、欧米の「メイド」文化にありますが、それを日本流にアレンジしたものが新たなオリジナルとなり、それを見た海外の人が「KAWAII！」と叫んで、ときめいてしまう。

ロリータファッションのユーザーの中にはアフリカ系の女の子たちも多く、彼女たちは自分のおばあちゃんなどが着ていた当時の本物のメイド服を借りて、身にまとうこともあるといいます。

おばあちゃんたちはさぞかし驚いたと思いますが、**自分たちの歴史が発祥である服の魅力を、孫の代になって日本人が仕立て直したカワイイを通じて再発見する。こんなちょっぴり複雑な文化上の化学反応も起こっている**のです。

アレンジやミックスに抵抗を感じることなく、むしろ、それを積極的に進めることで自分たちの新しいオリジナルをつくりあげてしまう、おおらかさ、自由さ。

日本ならではのそれらの感覚が、カワイイを生む土壌として、ぼくたちの中に培われ、歴史的な水脈として受け継がれてきたことは、まぎれもない事実だと思います。

カワイイに魅了される「男性」が増えている理由

日本発であるはずが、カワイイの魅力に世界でいちばん鈍感といえるのが当の日本人です。

たとえばマンガやアニメに描かれる世界観の多様さや奥深さ、コンビニなどでふつうに売られているお菓子類の味や種類の豊富さなど、海外の人たちが見ればすばらしい要素も、日本人には当たり前すぎて、そのすごさにあまり自覚がない。

時折、海外に住んでいる日本人が自分の国独自の文化を否定するようなコメントを発しているのを耳にすることもありますが、そのたびに、寂しさを通り越して落胆の気持ちさえ覚えます。

海外では、文化的なオリジナリティをとてもリスペクトします。どんな分野であっても、無から有を生み出す作業に関して、心からの尊敬の念を抱くのです。

日本にはとりわけそのリスペクトの対象となるものが多く、カワイイ文化もその代表的な例のひとつであることは間違いありません。

カワイイにはさらに、世代や性別をも超える力が備わっています。

たとえば6%DOKIDOKIにも最近、開店当時のように男性客が増えてきて、若い男性を中心にジャージやパーカー、アクセサリーなどを買っていく人が目立っています。

つまり、カワイイやカラフルの魅力が、従来のコア層である女の子たちだけでなく、それ以外のお客さんをもとらえ始めている。

その動きに呼応するように、ぼくの店にも男性、女性、ジェンダーレス、外国人といった、さまざまなバックグラウンドの店員が在籍しています。

店とは直接関係ありませんが、**ぼくがトークショーなどをやると、熱心に聞きにきてくれる男性も少なくありません。それも意外と、オジサン世代の年恰好《かっこう》の方が多い。**

もともとその世代とはあまり接点が多くなかったのですが、本やインタビュー記事を読んで興味をもったからという理由で、一生懸命、ぼくの話に耳を傾けてくれるのです。

男性というのは、よくもわるくも社会的な動物で、社会で生きていくためには見栄とか建前といった〝武装〟を必要とします。そうしたバリアで身をくるんでいないと、怖くて町も歩けないようなところがある。

しかし、カワイイ文化の最前線にいるのが男性であるぼくだと知ったときに、共感を覚えるオジサンたちが一定数いるのかもしれません。

たしかに、カワイイには建前をくずし、性別や世代の境界を無効化する力が備わってもいるようです。

返ってきたのは「予想外」の反応だった

プロローグで、ぼくがリメイクを手がけた童話映画「くるみ割り人形」に対して、意外なことに30代、40代くらいの中年にさしかかろうとする世代の男性からの反響が多かったこと、それはオジサンの中にも息づく「子ども心」が反応したからかもしれない、という話をしました。

どんな人にも、子ども時代へのあこがれともいうべき感性が、完全には消滅することなく残っているはずですが、人はそれをいつの間にか「子どもっぽい」とか「恥ずかしい」などと抑圧下に押し込めてしまいます。

その押し込めに成功したことをもって「大人になった」という節もある。

でも、そこでカワイイが、閉じ込めてしまった子ども時代の感性を再び意識の表に引っぱり出してくれる刺激となり、「自分の色」を再発見する手がかりともなるのです。

カワイイの定義は「自分の好きなものを、思い入れをもって愛《め》でること。それはほかのだれにも譲れない、だれも足を踏み入れることのできない個人的な世界の中に、自分だけの〝小宇宙〟を形成すること」だと述べましたが、それは原則的に「好き」を追求することから生まれます。

自分の好きなものを手放すことなく、大切に守り、育んでいくこと。そこから自分の色――個性や自分らしさが生まれてくるのです。

「好き」の対象はなんでもかまいません。食べ物でもいいし、マンガでもいいし、音楽でもいいし、映画でもいい。

極端な例を挙げるなら、ふだんは仕事一辺倒の堅物オジサンが、お酒の酔いに誘われて若いころに観た映画や俳優について熱く語り始めると、それだけでさっきまでくたびれたような雰囲気だった中年男性が、にわかにかわいらしく見えてくることがあります。

それはとりもなおさず、**自分の中に「好き」の小宇宙を秘めている人の魅力**といえます。

いくつになっても少女性や少年性を失うことなく、自分がドキドキした胸の高鳴りを感じられる好きなことや好きなものをひとつずつ〝棚卸し〟して、吟味していく。

そうすれば、それが自分らしさをくっきりと浮き出させてくれ、自分だけの小宇宙を見つけ出す手がかりになるはずです。

最高に自由だった「子ども時代」の感性を取り戻せ

ぼく自身にしても、カワイイを通じた現在の活動のもとには、自由な感性の中で生きていた子ども時代に直接的なルーツがあります。

増田セバスチャンという名前で自分のオリジナリティを表現すると決めたとき、当然ながら、ぼくはテーマやモチーフを絞り込む必要がありました。

そして、その手がかりとして、迷いなく選んだのは**「子ども時代を再現する」**ことでした。

すなわち、好きなものだけを純粋な気持ちで追いかけながら、自分だけの〝小宇宙〟をつくり出し続けていた、子ども時代の満ち足りた感覚。あの、何事にもとらわれない自由な発想のもとで、自分の好むものを好むままに表現できた感覚を取り戻すことができれば、きっといいものになるはずだ――そういうたしかな予感が当時の自分にはあったし、いまでもその思いは強くあるのです。

だから、ぼくはいまも、自分の子ども時代に備えていた感性へのあこがれを深く抱いています。

とくに10歳のころは「ひょっとしたら自分の感性の豊かさはあのときにピークを迎えていたのかもしれない」と思えるくらい、自分自身の「好き」を表現することに夢中になり、そこへ自分の存在を没入することができていたように思います。

先にも述べましたが、いろいろなコンプレックスやら家庭や家族への屈折した感情やらで、けっして明るく無邪気な子ども時代を送っていたわけではありません。

けれども、こと表現という点に関しては、その中で自由でいられた記憶がある。何かを描いたり、つくったりしているときに、ぼくは完全に「自分が自分でいられる」感覚をもてたのです。

たとえば、幼いころのぼくはドラえもんが大好きで、学校の友だちの間でも、いちばんドラえもんを上手に描けるという自負がありました。

あまりにも好きすぎて、クラスの友だちを集めてドラえもんのお神輿《みこし》やうちわをつくり、それを校庭でかついでお祭りの真似事《まねごと》までしたこともあります。

あるいは、先生の似顔絵を描くのが得意で、しょっちゅう黒板に落書きをしては怒られていました。

時には、転校生のためのお別れ会などで、先生が主人公の紙芝居をこしらえてはみずから演じ、喜ぶクラスメイトの傍らで、当の先生はいぶかしげな表情をしている、といった光景も目の当たりにしました。

そんなふうに、**何かを表現することについてはほかの何よりも好きだったし、夢中になれたし、得意でもあった。**その才能（？）ゆえに、同級生の女の子からはけっこうモテもした記憶があります。

以後、寺山修司の本に出会うまで、ぼくは表現への欲求にフタをしながら生きていくことになりますが、その回り道の経験があるせいか、一度は自分の中に押し殺した子ども時代の感覚が、かえって純粋な形で残っているのを感じます。

だからあこがれの対象として、その感覚を大事にしたいし、「いまの表現」として再現したいとも強く思うのです。

こうした気づきは、大人になってからも十分に得られるものだと思っています。

自分の中に残っている子ども時代の感覚を失うことなく、好きなものを追求して、自分だけの小宇宙を確立する。

そのとき、たしかによみがえるものがあるはずです。

だれの中にも、もともと備わった「魅力」がある

最近、幸いなことにさまざまな企業や自治体などから、新しい仕事の相談を受ける機会が増えてきました。

それらは多くの場合、カワイイをテーマに据えたデザインディレクションなどの依頼なのですが、中でも印象に残っている案件のひとつが**「かわいいね！　金沢プロジェクト」**という、**金沢の伝統工芸を新しい視点でとらえ直すための地域おこしプロジェクト**です。

次の写真は、そのプロジェクトのポスターやウェブサイト用に撮影したメインビジュアルです。

最初、この写真の完成形を目にした人たちからは「すばらしい。増田セバスチャンらしい、『原宿カワイイ』の色合いですね」といった感想の声が聞こえてきました。

たしかに、黄色やピンクを基調とするカラフルな色彩が、滝つぼの水しぶきのように入り乱れるビジュアルは、「色と衝撃」を主題とした、いわゆる「増田セバスチャン流」の組み合わせに映るのでしょう。

「ありがとうございます。**ただ、よく見てください。じつはこれ、写っているものはほとんどが、金沢の伝統工芸品なんですよ**」

ぼくが種明かしをするようにそう告げると、その人は「まさか」とでも言いたげに顔を写真ギリギリまで近づけて、食い入るようにひとつひとつのモチーフを見つめていました。

そう、メインビジュアルで写したのは、ごく一部の飾りを除いて、加賀友禅、水引や手鞠《てまり》、指ぬき……といった、金沢に古くからある伝統工芸の品々だったのです。

「その地域のイメージをカワイイと融合させる」ためにぼくが行ったのは、増田セバスチャン流の色に「新しく塗り替える」ことではなく、地元でもともと古くから大切にされてきた工芸品を、「そのままの色を活かして、見せ方を変える」ことでした。

この完成したビジュアルを目にして、いちばん驚いたのは地元・金沢の人たちです。自分たちになじみの深い昔ながらの伝統工芸品に、外からもってきた「カワイイ」モチーフを組み合わせれば、フレッシュではなやかなイメージにリニューアルできるだろう——おそらくは当初、そんな狙いでぼくに依頼を寄せてきてくださったのでしょう。

けれどもフタを開けてみると、そこで実際にできあがったビジュアルの素材は「もともと自分たちの手元にあったもの」ばかりでした。

金沢という地域は、小京都とも呼ばれるように、長く京都の「二番煎じ」、京都の陰に隠れるような山間の大人しい文化の街、といったイメージから抜け出せずにいたところがあったようです。

しかし歴史的にさかのぼってみると、「かぶき者」と評された前田利家に象徴される豪華絢爛《けんらん》で派手な気質が脈々と受け継がれていた。

金沢の人たちにとっては、おそらくそれがあまりにも「当たり前」の感覚になっていたために、目に入ってはいても気づいていなかったのかもしれません。

それを〝よそ者〟のぼくが並び方だけを変えて見せた結果、自分たちの文化にもともと存在していた魅力を再発見するにいたったのです。


ないと思い込んでいた「色＝魅力」を外に求めたはずが、じつはもともとから、自分の内にたしかに存在していた——この不思議な因果関係は、何も金沢の例だけに限りません。

イメージを一新しようと、カワイイに手がかりを求めるさまざまなプロジェクトをはじめ、ぼくたち一人ひとりの中にうずまく、自己評価や自信といった意識。

それらにも、同じ作用が確かに働いているはずです。

日本の伝統文化に息づく「カワイイ」の色合い

しばらく前に、色彩を研究している方が、コンピュータで「増田セバスチャンカラー」の分析を行ってくれたことがありました。

そこでわかったのが、**ぼくの作品は西洋の絵画よりもむしろ、大和絵や十二単《じゆうにひとえ》といった、日本古来の芸術に用いられているものに近いルールの色彩配列**だという意外な事実でした。

ぼくはそれを聞いて、自分の作品がなぜ、これまでとくに欧米の人たちから先に好意的に受け止めてもらえたのか、納得のいく答えがひとつ見つかった気がしました。

すなわち、増田セバスチャン流のカワイイの中に、期せずして日本独自の色のパターンが含まれていたことで、もしかすると、それぞれの作品をまるで「浮世絵」を見るかのようなオリエンタリズムの感覚で受け止めてもらうことができていたのかもしれない、と感じたのです。

たしかに、ぼくの感覚の原点に、呉服店を営む実家で毎日目にしていた着物の色彩があることを考えると、この分析結果もすんなりと納得できる気がします。

そしてそれは、見方を少し変えれば、**いま、原宿ＫＡＷＡＩＩ文化を起点として国内外に広がっているカワイイの世界観そのものが、じつは日本人としてのぼくたちのアイデンティティに、もとから刷り込まれていた可能性**をも暗示しているといえるでしょう。

ここ最近、カワイイやカラフルというキーワードは、従来の「日本の和」のイメージに取って代わる、現代ならではの新しいもの、斬新なものといった位置づけで語られることがほとんどでした。

しかしそれは、**表面を覆う〝薄皮〟を１枚むけば、じつは数百年以上も前から日本に脈々と受け継がれる、伝統的な文化にも通じる要素を含んでいた**と考えられます。

なぜなら、伝統的な和のイメージを代表する歌舞伎や着物こそが、「わびさび」的な渋い伝統色の傍らで「ハレ」的な豪華な色づかいを育んできた立役者だったからにほかなりません。

そういった意味で、現在のカワイイを巡るカラフルな氾濫（あるいは、反乱）は、ジャパンカルチャーにとって、**もともと備わっていた「色」を少しずつ再発見しつつあるプロセス**ともいえます。

そう、金沢の伝統的な文化が、カワイイと融合することで新たなイメージを獲得しようとした結果、みずからにもともと備わっていた「色」とその魅力の存在に気づいたように。

「気持ちのわるさ」なくして「カワイイ」は成立しない

ぼくの表現するカワイイやカラフルには、**どこか「気持ちのわるい」、違和感や異物感のような成分**が含まれています。

一度でも作品を見た人ならおわかりだと思いますが、単にカラフルといっても、それがあまりにインパクトの強い派手でポップな色の氾濫であるために、かえって毒々しさやグロテスクなイメージが喚起される人も多いようです。

中にはそんなぼくの作品を観て「カラフルなゲロみたいだ」と言った人もいますし、あるいは以前、サンフランシスコのイベントに参加したときに6%DOKIDOKIの説明を英語に訳してもらったところ、「Sugar Coated Anarchy（砂糖でコーティングされた社会への反抗心）」という表現が当てられたことにも納得がいきます。

これらはまさしく、ぼくの表現の意図するところで、意識的に（あるいは無意識的に）、カワイイの中に暗さやネガティブな感情、狂気の要素などを含ませたいという強い欲求があります。

カワイイに「毒」を盛りたい。

なぜなら、それがカワイイという表現そのものの「強度」にかかわってくるからです。

大切なものを「なかったこと」にされないために

もし、カワイイが単なる甘い砂糖菓子のようであるなら、それは派手、奇抜、カラフルといった表面的な解釈をほどこされ、表面的に消費され、いっときの流行や現象で終わってしまうに違いありません。

カワイイの人気が高まれば高まるほど、その危険性は大きくなり、過去の遺物としてとらえられる運命をたどることでしょう。

でも、ぼくはやっぱり、**自分の純粋な感覚から表出してきたものを「なかったこと」**

にされたくないのです。

そうしないためには、どこからつっ込まれようともびくともしない、表現としての強度がなければならない。言い換えれば、モチーフはなんであっても、たしかなテーマが1本の心棒として作品の中を貫通していなくてはならない。

ぼくにとっては、その心棒が「毒」なのです。

カワイイの中に毒を潜ませること、カワイイの上に毒を振りかけること。

ですから、カワイイとグロテスク、明るいカラフルと暗い狂気感。そうした相反する要素がひとつの作品の中で両立していないと、増田セバスチャンのカワイイは成立しません。
もちろん、明るい要素だけで成り立っている、だれも傷つけない「かわいい」も存在します。ただ、ぼくの表現するカワイイは、少なくともそれだけではない、ということです。

ハッピーでポジティブな「明」の側面と、毒々しさやグロテスクさのネガティブな「暗」の側面は、ぼくのカワイイにとってコインの裏表のように切り離せないものなのです。

ぼくのカワイイを選んでくれる人も、おそらくその毒気を直感的に察知して、それを喜んで受け入れ、「中毒」になってくれているのだと思います。

すなわち、他とは異なるもの、人とは違う好みのものをチョイスしているということであり、その動機はおそらく、カワイイの中に含まれている毒の成分にあるはずなのです。

そしてそこにこそ、人間の本質があると考えています。

「にがい」部分があるからおいしく味わえる

先にも述べたように、ぼくが表現活動をスタートさせた時期は、モードやモノトーンなどの無機質・無彩色にアートやファッションの主流がありました。

その中ではなやかな色づかいの作品を打ち出せば、それだけで目立つこともあって、ぼくはカラフルという主題を自分のオリジナリティ、自分のリアリティとして選択したのです。

したがって、そこにはおのずと**既成概念への反発心、秩序や権威に対するアンチテーゼという「毒」**が込められることになりました。

もしぼくが、それ以前から続く既成の文脈の中に収まるような「どこかで見たことのある」表現をしたり、毒気のない、明るくてお行儀のいい「かわいい」を再現したりするだけであったなら、表現するエネルギーも、表現された作品の強度もまったく弱々しいものになっていたに違いありません。

暗さや毒々しさ、グロテスク、異物感や狂気の要素も込められたカワイイであったからこそ、ぼくの創作意欲は強く刺激され、作品としてのメッセージや強度も高まったと考えています。

もちろん、アートには多かれ少なかれ、作家の「無意識」が反映されているものです。どんな芸術であっても、１００％作家の意識や意図だけでこしらえたもののできあがりは、おそらく「つまらないもの」になる可能性が高いでしょう。

ぼくの作品にも、ふだんは意識下に蓄積された暗い情動が知らず知らず漏れ出ているはずです。

したがって、カワイイの中の毒気は、そういう過去の沼からふつふつと湧き出しているガスのようなものなのかもしれません。

そのせいか、映画などでも、ぼくは予定調和的なストーリーを好まない傾向にあります。

映画は若いころから、映画館やレンタルビデオなどを問わず、いろいろなジャンルのものをたくさん観て、それが栄養分として自分の中の引き出しにぎっしり詰まっている実感がありますが、**温室で育てた幸福を描くような、いわゆるハッピーエンドの物語には一貫して背を向けています。**

それよりも、主人公が挫折を味わったり狂気におちいったりして、悲劇的な結末を迎えるような「にがい話」にどうしても惹《ひ》かれてしまう。

「明るい」「暗い」の対比でいえば、明らかに後者のほうに好みの重心があるのです。**「ハッピーエンドよりもバッドエンドのほうにこそ真実や人生の本質がある」**という一種の思い込みが、自分の中から抜けないからでしょう。

したがって、その「暗さという毒」だけで作品を成立させてみたいという欲求もあります。

「メジャーじゃない」からこそ変化の主役になれる

「メジャーじゃない」からこそ変化の主役になれる

1990年代の終わり――〝世紀末〟の時期の6％DOKIDOKIは、右肩上がりの知名度を象徴するかのようにカラフルな商品とカオスなお客さんであふれていました。

ぼくの古巣であるアートや演劇の世界に属する無名の役者や自称アーティスト、クラブ仲間であるドラァグクイーンや変態系DJ、サブカル系のマンガ家、さらには海外のカルチャーシーンからやってくる正体不明の芸術家など、社会のメインストリームからは意識的に、あるいは無意識的に軌道を外れた人たち。

もっとわかりやすくいえば、**一般的な「大人の社会」には受け入れてもらえないような、世間から白い目を向けられる資格を十分に備えたような人たち**が、まるで吹きだまりに吸い寄せられるようにして店に集まってきました。

ただ、1998年に「ホコ天」が廃止されて、表現の場というよりはファッション好きな若者たちの居場所という意味合いが強くなってきた2000年代後半になると、10代後半から20代前半の女の子たちが客層のメインとなり、〝自分だけの秘密基地〟みたいな感覚で、6%DOKIDOKIに熱心に立ち寄ってくれることが多くなりました。

その中の1人に、無名時代のきゃりーぱみゅぱみゅもいました。

彼女は店の常連で、毎週のように通ってきていたのです。

ぼくときゃりーの関係については、ぼくが彼女のミュージックビデオ（MV）の美術演出を手がけたことでご存じの人も多いでしょうが、最初の出会いは、じつはある雑誌の表紙に彼女を起用したときでした。

2010年、ぼくは6%DOKIDOKIの経営者、という立場を少し離れ、アートディレクターとして独立した時期でした。その最初の仕事が雑誌のディレクションだったのです。

雑誌の編集長から「原宿っぽい女の子を表紙に使いたいんだけど、だれかいい人を知らない？」という依頼を受けて、うちのスタッフに相談したところ、店の常連にこんな面白い子がいるよ、と名前が挙がったのがきゃりーでした。

それまでもスタッフから、頭に大きなリボンをつけて店に通ってくるかわいい女の子がいるという話は何度か聞いていて、彼女自身のブログもけっこう話題になっていたようですが、ぼく自身はまだ面識がなく、お店の常連の中の1人、くらいの認識しかありませんでした。

あらためてブログをのぞいてみると、なるほどいかにも原宿らしい自由な発想のファッションを身にまとった、それでいてぼくの10代のころのような、ちょっと昔ながらの原宿の空気感も取り込んだ、リアリティと元気さにあふれた印象の子です。

その姿に惹かれて、雑誌の表紙に推薦したのでした。

「再生回数1億回」の動画に込めたメッセージ

その後、彼女が歌手としてメジャーデビューすることになったとき、**「MVのアートディレクションを大好きなお店のセバスチャンさんにお願いしたい」**とぼくの名前を出してくれました。

しかし、音楽業界でほとんど無名のぼくを起用することについては、周囲から相当な反対もあったようです。ぼく自身も、その道のプロを差しおいて、でしゃばることには少し気が引けるものがありました。

でも、きゃりーや彼女の事務所がどうしてもと強く推してくれたおかげで、結局引き受けることになりました。ぼくとしては、**必ず周囲を納得させる、いいものをつくらなくてはいけない状況に置かれてしまった**わけです。

そのとき、こう考えました。

きゃりーぱみゅぱみゅの楽曲「PONPONPON」から「ふりそでーしょん」までのMV美術を担当

（もし、音楽業界の経験がないぼくにアドバンテージがあるとしたら、きゃりーをはじめ、10代の若い女の子たちの意識や好みや美的感覚などが、ほかの人よりも深く理解できていることだ。

少なくとも原宿の「KAWAII」に引き寄せられるような子たちの心に響くものがつくれれば、自分の中で及第点を出せるはず――）

そうして手がけた『PONPONPON』というタイトルの楽曲のMVは、ユーチューブで公開されるやいなや、またたくまに何百万という再生回数を数え、やがて1億回を超える大きな反響が世界中から寄せられました。

きゃりーが歌い、踊る背景は10代の女の子の部屋をイメージしたセットになっていますが、そのコンセプトはいわば「カワイイ×汚部屋」です。

当時、ぼく自身が所有していた私物の中から選んだ、とりわけカラフルな服や家具、雑貨、人形などをトラック1台分くらいスタジオに持ち込んで、あふれんばかりに、あるいはぶちまけるように、無秩序に飾り立てました。

女の子の部屋はかわいらしく、きれいに整っているように思われがちですが、案外ごちゃごちゃと散らかった状態になっていることが多い（これには「自分の好きなものは見える範囲に置いておきたい」という心理も働いているようです）。

そのリアリティを目指して、あえてポジティブな側面とネガティブな側面を融合させた空間をつくりあげたわけです。

リボンやぬいぐるみ、ヘンテコなおもちゃやお菓子の箱など、雑多でカラフルなモチーフが登場するこのMVの美術が、6%DOKIDOKIに足しげく通う常連の1人だった女の子を、いちやく世界的なポップアイコンとして華々しい舞台へ押し上げるのにどれほど役立ったかは、正直わかりません。

しかし、ぼくの中では少なくとも、自分の感覚をストレートに表現した作品が、カワイイ文化を実際に担い、体現してくれている世界のファンたちの心に「届いた」という手ごたえを感じられる、印象深い機会になりました。

相手を「ドキッとさせる」仕事の流儀

ぼくはもともと、**人一倍ぐうたらな人間**です。

何か事にのぞんでも、必ず「やらずにすむものならやりたくない」という考えが先にやってくる。

ただ、なまけ者のわりには妙に責任感が強いところがあって、「やりたくない」ことであっても、やらざるをえなくなったら、人一倍、一生懸命やってしまう。自分を

追い込んででもやり切ろうとする。そんな傾向が強いのです。

このときにもし、「いやあ、ちょっと自信がないですね」と返したら、依頼した側はどう思うでしょう。「では、力をつけてもらってから、もう一度頼んでみよう」とはけっして思いません。その次は2度とないでしょう。

その代わり、必ずできるように100%以上の力を注ぐ努力をするし、できなかったときの責任がすべて自分に帰することも、はっきりと覚悟しておかなくてはなりません。

先に述べたきゃりーぱみゅぱみゅの『PONPONPON』のMVを制作したとき、じつは、**実際の画面に映っている量の倍以上のセット**をつくりました。というのも、ひとえに「きゃりー本人に喜んでもらいたかったから」です。

彼女が好きなものは大方知っていたし、そういうアイテムをできるだけたくさん集めることで、デビューで緊張もしているであろう彼女の気持ちを鼓舞して、その力を思い切り発揮できるようにしてあげたかったのです。

手塚治虫が『火の鳥』を描いたとき、１００ページの完成作品に対して、その10倍の労力を費やして１０００ページ分の原稿を描いたという伝説がありますが、レベルはおよばないまでも、ぼくが目指しているのも、それに近いといえます。

つまり、仮に対価が10万円の仕事だったとしても、それに見合う10万円分の仕事をしておしまい、ではなく、１００万円分の中身の仕事をするつもりで依頼者や関係者に予想以上、必要以上のメリットを与えること。

そうやって「相手をドキッとさせるくらいの仕事」に努めていると、自分でも思ってもみなかった「いいもの」ができるものです。

これまでの経験をふり返っても、**完成形や着地点がなかなか見通せない仕事ほど、面白くて刺激的でエキサイティング**です。

それは当然「できるかな？」という不安や苦しみをともないますが、そうやって自分に高いハードルを課し、持てる力を臨界点まで注いでいるときがいちばん楽しく、やりがいも感じられる瞬間であり、また事前の予想や想像を上回る「いい結果」を可能にしてくれる状態でもあるのです。

そう考えると、ぼくは人を驚かせる前に、何よりも自分が驚きたいのかもしれない。**ほかのだれでもなく、自分自身を驚かせるため**に、ぼくは「いい作品」をつくろうと、毎日、こんなに苦しくも楽しい思いを続けているのかもしれません。

目の前のことに100パーセントの力を注ぐ

6%DOKIDOKIを開店したものの、さっぱりお客さんが訪れず、やりくりに苦しんでいたのは25歳のころです。

文字通りの自転車操業で、先の見通しも不透明どころか、まったくの視界ゼロのありさまでした。それでいて、ぼくは「怖い」という感じを覚えたことが不思議なくらいありませんでした。

生活は苦しいけれども、25歳の自分がそのときやりたいことに注力しているのだから、それはムダなんかではなく有効な自己投資というべきだ。それでたとえ窮地に追い込まれたとしても、それはそれで仕方がない、むしろ本望じゃないか――それくらいに考えていたのです。

その代わり、いまやっていることに全力投球しなければ「明日はない」とも考えていました。

妥協や出し惜しみをせず、目の前のことに持てる力を注ぐ。それは仕事におけるモットーとして、当時から変わらず心がけてきたことです。それがやりたいことをやりたいときにやって成就させるのに欠かせない条件だ、とも。

たとえば、ある意味当たり前のことなのですが、アートディレクターの仕事において、とくに新しい商品のブランディングなど、何か強いコンセプトを打ち出すときは、クライアントの期待や想像を超えたものを提案すべく、全力で向き合います。

自分の能力や可能性に限界を設定しないで、もっといけるだろう、もっと面白くできるはずだと、なるべく自分をギリギリまで追い込む。

時間が許す限りコミュニケーションを重ねて情報を集める。余力を体内に1滴も残さずに出し切る。

なぜ、そうするのかといえば、ひとつに「余力を残したらもう次はない」と考えるからです。

チャンスはいつも「1回限り」しかやってこない

お店を始めてからそう時間がたたないうちに、ぼくは仕事には次のような不思議な法則があることに気づき始めていました。

ひとつの仕事で力を出し切ると、同じような機会にもう一度は必ずめぐまれる。だが、「この仕事はこの程度でいいだろう」などと自分に妥協したり、「次の機会に」と、力の出し惜しみをしたりすると、その仕事は例外なく失敗に終わって次の機会もない。

こういった事実が、経験を重ねるうちにだんだんとわかってきたのです。

以来、「1回のチャンス」をものにしないと次の機会は約束されないこと、そして、次も機会を得るためには、できるだけ余力を残さずやり切ることを、肝に銘じることになったのです。

したがって、ぼくはあらゆるチャンスは「1回限り」のものだと考えています。

1回限りだから力を出し切ろうと思うし、全力投球しないと「やり切れなかった」という悔いが残る。また、その1回限りのチャンスに持てる力をすべて注ぐからこそ、次のチャンスが訪れるのです。

中にはぼくにこう尋ねる人もいるかもしれません。「そんなに緊張しながら全力投球して疲れませんか？ それこそ余力が残らないでしょう」と。でも、それがそうではないのが、面白さでもあります。

すべての力を集中させてひとつの物事をやり切ると、そこに真っ先に訪れるのは疲れではありません。

いや、もちろん体の疲れはあるでしょうが、それは満ち足りた疲労感で、達成感とほとんど区別ができないものです。**そして、その達成感が次に向かう新たなエネルギーを引き出してくれる。**

だから、全力投球したあとには、さらなるパワーが充填されている自分を感じるのが常です。

このことは、一度でも力を出し切った感覚を味わった人なら、よくわかるのではないでしょうか。

実際、日々の生活を送る中でも、ヒマな日ほど疲れるもの。

反対に自分が「やり切った」と思える日は、どんなに忙しく、疲労があったとしても、充実感がそれを癒し、明日へのエネルギーへと変えてくれるはずです。

CHAPTER 4

本当の「自分」に出会うために

海外から火がついた「カワイイ」ムーブメント

プロローグで、ぼくが「カワイイ」のもつ力を再認識したきっかけとして、2008年に起こった中国の四川大地震の被災地で、現地の子どもたちがカワイイ文房具に顔を輝かせる様子を目の当たりにした経験を紹介しました。

当時の原宿は、シンプルブームと呼ばれる無駄なデザインをそぎ落としたファッションの流行によって、それ以前のカラフルなファッションが鳴りを潜め、街の無個性化が進む停滞期を迎えていました。

たとえば1990年代のなかばから後半にかけて原宿で人気のあった店も、そのころには商業化の波の前に次々と姿を消して、残っていたのは6%DOKIDOKIくらいでした。

だからこそ、自分が原宿を盛り上げなくてはいけないという思いから、イベントなどを仕掛けていたわけですが、そうした国内の原宿文化の低迷とは対照的に、海外では日本のポップカルチャーを代表する新しい潮流として「カワイイ」の人気に火がつき始めていました。

そして、その動きに背中を押されるようにして、ぼくは「カワイイ」を世界に向けて発信する活動に本腰を入れることになりました。

具体的には2009年から、**国境を越えて原宿KAWAII文化を海外に広めるワールドツアー**を敢行することになったのです。

なぜ、「カワイイ」を広めるワールドツアーに出たのか？

きっかけとなったのは、2005年ごろ、当時SNSの先駆けとして流行し始めていた「Myspace（マイスペース）」に、**6%DOKIDOKIの紹介ページ**をつくったことでした。

それを見た世界中の人たちから、続々とメールが寄せられてきたのです。

「あなたのお店の大ファンです」

「原宿は世界一クールな街」

「この商品は、海外では手に入らないの？」……

当時はまだ、インターネット上で「相手が何者か」といったプロフィールを見られること自体が珍しかった時代。

メールの送り主をたどってみると、そこには彼らが自分の国で精一杯「原宿っぽい」おしゃれをしている写真がたくさんアップされていました。

原宿ファッションをお手本にしながらも、海外では本物が手に入らないので、それに類似した商品で間に合わせている。

当然「本場」に比べれば、どこかピントがずれていたり、ものすごく大味・大ざっぱな印象を受けたりするのは否めません。

しかし、それだけになおさら、彼らが原宿ファッションを本気で愛しているという熱気がこちらにありありと伝わってきて、**「あれ？　国内ではシンプルブームのあおりでどちらかというと停滞気味なのに、世界ではこんなに原宿が注目され、盛り上がっているのか」という驚きとともに、「これは何か起きているな」という予感を覚えました。**

そのころの彼らの情報源は主にインターネットのようでしたが、ほかにも90年代後半の原宿ファッションをまとめたストリートスナップ雑誌「ＦＲＵｉＴＳ」の写真集が出版元のイギリスをはじめ世界各国で発売され、美術館などで手軽に入手できたので、おそらくそれも参考にしていたのかもしれません。

また、大の原宿好きで有名なアメリカの女性歌手グウェン・ステファニーが楽曲「Harajuku Girls」（２００４年）やブランド「Harajuku Lovers」（２００５年〜）などを手がけたことからも、原宿カルチャーの魅力が部分的ながら、次第に世界に知られ始めてもいました。

もちろん「カワイイ」という言葉はまだはっきりとは認知されていない時期です。単語自体は少しずつ流通していたかもしれませんが、それが原宿の文化やファッションを象徴するキーワードとなる以前のことでした。

世界中の若者から寄せられた熱いメッセージ

「FRUiTS」の写真集を海外の人たちが見ると、個性的な若者たちが身につけたアイテムのブランドやショップの名前が列挙されていて、そこには6%DOKIDOKIのものも多く含まれています。

これスゴイ、クールだ、欲しい、どうやったら手に入るのか——そんなプロセスを経て、ぼくの店にメールがたくさん寄せられてきたようです。

やがて、そこには「日本でしか買えないの？」「海外にお店はないの？」「だったら、私の国にも来てほしい」といった声が増えてきました。

熱心に呼びかけてくれるのはうれしいのですが、かといって店を海外展開する予定もないし、出張販売できるだけの経済的な余裕もありません。

「行きたいけど、現実的には無理そう……」

そんなやりとりを交わしているうちに、フランスの熱狂的なファンの1人が、こんな提案をしてきたのです。

「とにかく、わたしたちの国にあなたの店の商品をたくさん持ってきてくれたら、友人と手分けして全部買うので、それを旅費の足しにしてくれればいい。泊まるところがないなら、友人が入っている大学の寮がひと部屋空いているから、そこを使えばいい。それならホテル代も浮くでしょう」

依然として二の足を踏む気持ちは残っていたのですが、そこまで熱心に誘ってくれるのだったら……と、一念発起してパリへ行くことをSNSに公表しました。

すると、こんどは別のファンから「それならロンドンにも来て！　パリからたった2時間だから」とか「ベルリンも近いよ」といったリクエストの声が続けざまに寄せられてきました。

こうした声に背中を押され、「それなら各都市をまとめて回る一連のツアーにしてしまおう」と考えたことが、ぼくが原宿ＫＡＷＡＩＩ文化を世界に発信するワールドツアーを行う直接のきっかけとなったのです。

ムーブメントを一過性の流行に終わらせない

当時、日本国内では原宿カルチャーに対してひややかな目が向けられていました。商業化とともに原宿の個性が骨抜きになるのと並行して「もう『カワイイ』も下火でしょ？」「いつまでカラフルで派手なファッションをしてるの？」といった批判の声がしばしば聞かれたのです。

限られたエリアだけの特殊なファッション、一過性の流行……カワイイやカラフル

はそういう基準で語られることが多く、それが若者たちのライフスタイルや生き方にまでかかわる「深み」をもっていることは理解されていなかったのです。

でも、海外の反応はそれと正反対でした。

カワイイを心から愛するファンたちが一種のコミュニティを形成し、そのコミュニティが世界の各地に点在していて、各都市がインターネットでつながって、情報を交換し合っている。

彼らからは、カワイイに対する熱狂的でストレートなあこがれが感じられました。

「それなら、それに応えるために世界へ出ていくべきだ。海外での高い評価が逆輸入されれば、国内では閉塞的状況にある原宿の個性的なファッションや文化の再評価につながるかもしれない」

そう考えて、ぼくは6%DOKIDOKIのショップガールを引き連れて、トークショーとファッションショーを中心とした「原宿KAWAII文化」を発信するワールドツアー（ワールドツアーなどと、大それたタイトルですが、実際はスポンサーやコーディネーターなどつかない自主興行の形態で、寝袋による雑魚寝《ざこね》の続く貧乏旅行でした）を敢行することになったのです。

社会の暗い現実に「NO」をつきつける勇気

社会の暗い現実に「NO」をつきつける勇気

ロンドン、パリ、ロサンゼルスといった世界の各都市を本格的に回ったいちばん大きなツアーは２０１０年のことですが、その１年前、**２００９年にぼくはアメリカのサンフランシスコで、その後の反響を予感するには十分な体験をしました。**

同地で日本のポップカルチャーを紹介する「Ｊ－ＰＯＰサミット」というフェスティバルの第１回が始まるに当たり、ぼくはその中で、海外の人たちに原宿のカワイイカルチャーを紹介、体験してもらうことを目的としたステージのディレクションを行ったのです。

サンフランシスコはかつてのフラワームーブメント発祥の地であり、ラブ&ピースの思想のもと若い世代が自由を主張し、訴求した地です。

その同じ地で原宿カルチャーの背骨となっている「自由」のスピリッツを伝えるこ

とには、小さくない意義があると思えました。

ミッション（mission）という、治安のあまりよくない（ゆえに賃料が安い）なかなかワイルドな空気に満ちたエリアの一軒家を1か月半借りて、そこにスタッフと共同生活をしながらイベントに力を注ぎました。

ぼくのプロデュースしたステージは「Harajuku〝Kawaii〟Experience」と名づけ、原宿ファッションのコンテストや、日本から来たガールズバンドのライブなど、複合的なポップカルチャーを紹介す

るものでした。

延べ3万人もの人が集まる大盛況のイベントとなったほか、海外初となる6％DOKIDOKIの限定ショップも現地にオープンしました。

ステージが終わったあとも、店に幅広い年齢層の人たちが続々と訪れ、口々に「アメリカにはないセンスだ」「ここだけTOKYOだ！」「アメージング！」と称賛の声をぶつけてくる。

その反響の大きさに促されて、ついにはクローズする1週間前に、急きょ特別にファンイベントまで開くことになりました。

これもまた店内が人で埋め尽くされるほどの大盛況ぶりでしたが、そこでぼくは原宿のファッションやカワイイ文化だけでなく、その根底を流れる「思想」やスピリッツを語りました。

「原宿カルチャーにおけるカワイイやカラフルの表層部分は一見派手ではなやかなものですが、**その一見ハッピーなビジュアルはじつは戦争やテロ、貧困や格差の絶えない暗い現実に対して『NO』を告げる反抗精神の表れなのです。**

既成概念にがんじがらめになった『色のない世界』に対する抗議の思いが胸の底にあるからこそ、人々はカワイイものやカラフルに惹《ひ》かれるのでしょう。

したがって、それは表面的には子どもっぽい趣味嗜好《しこう》の反映のように見えながら、じつは裏側に息苦しい社会へのアンチテーゼが含まれています。**つまり、好きなものを自由に選ぶという感覚に、すでに大事な思想が含まれているのです。**

だから、原宿のスタイルをいつまでも愛するとともに、そのスピリッツもまたずっと忘れずに胸にとどめておいてほしいと思います」

「カブキ」や「キモノ」とは違った「いまの日本」の魅力

スタッフや近しい人にふだんから伝えていることを、海外の人たちの前で同じように発言しただけでしたが、反応はびっくりするほど強烈で、まさに熱狂的と呼ぶにふさわしいスタンディングオベーションの中、カワイイという言葉とその精神性が、同意と称賛をもって迎え入れられたのです。

おそらく、このときが原宿とカワイイが結びつけられる形で海外に紹介された最初の機会であり、カワイイが言葉としても、精神性としても世界に浸透し始めていく重要なきっかけになったように思われます。

当初は、ぼくの側でも――このころはまだ海外の事情がよくわかっていなかったせいもあって――原宿カルチャーを世界に紹介するときに、いわゆる日本人が考える「世界が理解しているであろう日本」のテイスト、つまり「カブキ」や「キモノ」といった伝統的な和の要素を、カワイイの中に混じらせていました。

しかし、現実は日本人の考えの先を行っていました。

そうした既成のクールジャパン的な和に対しては、向こうの人は「もう着物も寿司《すし》もよく知っている。それより私たちが本当に見たいのは『いまの日本』なんだ」という反応を見せたのです。

いまの日本の魅力を、欧米をはじめとする海外に知らせるのに、その前段階として伝統的な日本を紹介する必要はもうない。そういうイントロ的なものは抜きで、いきなり「TOKYOらしさ」としてのカワイイを打ち出してもいい。むしろそのほうがインパクトは大きいのだ――そのことが現地へ行ってよくわかりました。

このときぼくは初めて、カワイイの精神性が国境を越えて広がっていく手ごたえを生で味わうことができました。

と同時に、それを世界に浸透させることに可能性を見出《みいだ》し、自分の立場に責任と使命を自覚することにもなったのです。

「文化のミックス」が新たな文化をつくり出す

翌2010年から本格的に始まったワールドツアーは、和のテイストを取り払って「いまの原宿らしさ」を前面に押し出したコンテンツを持っていきました。

すると、ますます大きな盛り上がりを見せて、開催する都市ごとに何千、何万という単位の観客がぼくたち6%DOKIDOKI主催のイベント目当てに詰めかけてくるようになりました。

たとえば、この年のツアーの最終開催地として選んだのは前年と同じサンフランシスコでしたが、**前回を上回る4万人もの人が集まって、同時に開かれていたほかのステージの中でも群を抜いた人気を博した**のです。

街中のストリートをせき止めて行われたファッションショーでは、通りのずっと向こうまで人波で埋まって、やがて「もうすぐ、日本の原宿から来た6%DOKIDOKIのショーが始まるよ」というアナウンスがあると、その人波がまるで川を遡上する魚群のようにステージめがけて押し寄せてくる。
そんな熱気に、地元の主催者も圧倒されているようでした。

ぼくがこのツアーからもうひとつ大きな手ごたえを得たのは、**現地の人とのコラボレーション**です。

通常、海外でショーやイベントを開く場合、日本から作品一式をすべて持ち込んで地元の人に見せ、終わればまたそれらを引き上げる、という流れで、そこに現地の観客やファンとのクリエイティブな交流が生まれる余地はありません。

でも、このときは違いました。

そもそも貧乏ツアーという事情もあって、現地のファンたちとワークショップをしながら、共同作業でひとつのスタイルをつくりあげていくやり方を採用したのです。

そのため、自然と地元との密着感が強くなり、**原宿から持ち込んだアイテムのセンスとその土地に根づくカルチャーとがちょうどいい具合にミックスされ、それまでにない味わいの、オリジナルの「カワイイ」が生み出されました。**

パリでやればパリの感覚が、ロンドンでやればパンクやサイバーなどロンドンの風味が、原宿らしい色あいの中に混じり込んで、それまでに例のないユニークなものができあがる。それがとても面白くもあり、新鮮でもあったのです。

そして、その現地の感覚をも取り込む〝ミックス〟作業は、原宿のカワイイを地元にすばやく、スムーズに根づかせる効果も生みました。

というのは、ワークショップに参加してくれた地元の熱心なファンやファッションリーダー的な存在の女の子たちが、ショーの終わったあとも現地流にアレンジした原宿KAWAIIを（あるいは、原宿KAWAIIを取り込んだ新しいファッションを）周囲の仲間や知り合いに日常的に広めてくれたからです。

単なるイベントの主催者と観客という、与え与えられる関係でなく、現地の人たちと密着しながら、コラボレーションしていく手づくり感。

それが地元のコミュニティを通じてカワイイを地元に深く根づかせる要因となったことに達成感を覚えるとともに、「何かが始まっている」新たなムーブメントの渦中

現地に根づいたスタイルと原宿発の「カワイイ」のコラボレーション

にいる感覚に、ぼくは興奮を抑えられませんでした。

このワールドツアーはその後、ほぼ恒例化されて、これまでに回った都市は延べで20以上、イベント数はすでに50回を超えています。

ツアーで訪れた現地の想像をはるかに上回る盛り上がりを目の当たりにするたびに、ぼくはカワイイのもつ浸透力や説得力の強さを実感し、また、それを世界に伝え、広めることが自分の仕事であり、責任でもあることにあらためて思いいたるのです。

迷ったときは「やる」ほうを選ぶ

迷ったときは「やる」ほうを選ぶ

「世界にカワイイ文化を広める仕事」といえば聞こえはいいですが、そのツアーのために長い期間、日本を留守にすることはそれなりにリスクをともなうものです。店の経営のこともありますし、その間は国内のアート活動やイベントなども停止しなくてはいけません。スポンサーや代理店などがついているわけでもないので、かかる費用はほぼすべて自腹です。

だから、ワールドツアーを敢行するのは、ぼくにとってけっこう勇気がいることでした。

でも、人間は生きていれば、何かしら勇気をふるわなくてはいけない大事な場面に必ず出くわすものです。

やるべきか、やらないほうがいいか。
重要な選択と決断を迫られることがだれにも2度や3度はある。
ぼくの場合、そういう決断の場面では臆することなく「蛮勇」をふるいます。

そもそも、お金も商売のノウハウもまるでないまま原宿の裏通りにいきなりお店を開いたこと自体がそうでした。

商品を買いつける正確な場所も知らずにいきなりアメリカまで出かけ、ドラッグストアやスーパーで見つけた商品にもならないようなカラフルな「おもちゃ」を大量に仕入れてきてしまう。店のディスプレイも自分の気の向くまま我流の演出で装飾してしまう。自分自身の好きなクラブ音楽を大音量で店内に流してしまう。

それらもみんな既成の方法やルールからはみ出した、自分の感覚を基準にした自己流のノウハウでしたが、そこに「斬新だ」「面白いね」とリアリティを感じてくれる人もたくさんいました。

もちろん、最初のうちは苦労続きで、店を維持しながらなんとか生計を立てるのがやっとでした。

また、そんな具合ですから、商売や経営に関する知識、ノウハウもすべて現場での実践トレーニングを通じてひとつずつ身につけていくしかありませんでした。

何か困ったことや問題が起きるたびに「ヤバイな、これどうしたらいいんだろう？」と焦りや悩みが生まれ、そのつど解決法を人に尋ねたり本を読みあさったり、あるいはもう一度原点に立ち返ったりしながら、なんとか自分なりの知恵や工夫をひねり出して問題をひとつずつクリアしていく。

すべてにわたって、そのように現実に直面してから課題を認識し、その解決策をあでもない、こうでもないと模索する場当たり的な学習を重ねていくしかなかったのです。

しかし、**そうした経験をくり返すうちに、経営に関する自己流の知識やノウハウが、不器用ながら少しずつ身についていった**のも事実でした。

だから、単純なことですが、やるか、やらないかで迷ったときには「やる＝行動する」道を選んだほうがいい。いつもそう自分に言い聞かせています。

考えて立ち止まるよりも、まず行動に移してみる。

行動にはリスクがつきものですが、リスクなければ収穫もなし。

これらはぼくが自分自身の人生のいくつかの場面を通じて体得してきた、実践的な哲学といえます。

「襲ってきた」タイミングはためらうことなくつかめ

ただ、決意をいざ行動に移す段になると、人間は「いや、まだ準備が足りない」とか「状況が整っていないから」などといった、ためらいにとらわれがちなものです。

もちろん、その気持ちも非常によく理解できますが、現実には「万端の準備」ができているほうがレアで、十分な準備や状況が整わないうちに物事が始まってしまうケースが大半です。

つまり、準備よりもチャンスのほうが、いつもひと足早く訪れてくる。

そのため、準備が足りるのを待っていると、チャンスというものは目の前を通り過ぎていってしまう。

言い換えれば、状況が整っていないからこそ、チャンスはあなたのドアをノックしてくれるのです。

この状況をぼくは「タイミングが襲ってくる」と呼んでいます。

ある物事を行うベストタイミングは、態勢が整うよりも必ず早く、ぼくたちのもとへ訪れてくる。

したがって、準備を整えるよりもタイミングをつかむことを優先すべきで、準備不足を理由にタイミングを逃してしまうと、おそらくもう次の機会はやってきません。

こういうことの背景には――少しおおげさに言うなら――時代や時流の要請があると思っています。

事をなすべきタイミングというのは、そのときどき、その場その場の流れや動きに呼応して「襲ってくる」ものですが、それは個人個人が置かれた状況とはほとんど無関係に起こるのです。

ぼく自身は、多少準備が足りなくても、機が十分に熟していなくても、とりあえず「やります」と宣言して、制作の依頼を引き受けてしまうことがけっこうあります。無理にでも「やる」と手を挙げて「やるしかない」局面へ自分を追い込む。それでもタイミングを逃してさえいなければ、けっして悪い結果はもたらされないと確信しているからです。

6%DOKIDOKIの店も「経営が波に乗るまではつくりたいものをがまんして、売れるもの優先でつくる」という姿勢で始めていたとしたら、きっといまのぼくの人生はまったく別のものになっていたはずです。

自分の「好き」から出てきたやりたいことは、お金や時間といった条件とは無関係に、やりたいときにやらなくてはいけない。なぜなら、それがそのものにとってベストタイミングだからです。

ともかく1歩踏み出せば、踏み出した分だけ「何か」が見えてくる。思ってもみなかった新しい道が現れてきて、それだけ選択肢も増える。

腕組みしてあれやこれや思案するばかりで、指1本動かさない――そういった無作為は、物事を前に進めるときや、新しい変化を起こすときのいちばんの妨げになると考えています。

面倒くさがりのぼくを行動に駆り立てた力

以前、自分の考えを素直に行動に表していった結果、思ってもみなかった展開へと広がっていったことがありました。

それは、当時沈滞ぎみであった原宿をなんとか盛り上げようと、原宿文化発信のためのイベント「H.U.G.（原宿アンリミテッドジェネレーション）」を立ち上げたときのことです。

２００７年から２００８年にかけて、数回にわたり「ストリートファッション」「クラブカルチャー」「お笑い」「アート」という異なるテーマを設定し、ゲスト講師によるレクチャーやトークショー、展覧会などを行いました。

「カワイイ」がテーマの回――副題は「カワイイ！は世界を救う」でした――のイベントを通じて、ぼくは初めてチャリティー活動を経験しました。

チャリティーを行う団体の協力のもと、入場料の一部を、世界のめぐまれない子どもたちのために医療ワクチンを購入する資金として寄付する仕組みにしたのです。

ただ、**チャリティーによって集めた寄付金がどういう経路をたどって、ワクチンならワクチンに変わり、必要とする人や子どものもとに届けられるのか。その仕組みがぼくには正直よくわかっていませんでした。**

そこで、自分たちが当事者としてチャリティーにかかわるからには、その仕組みをはっきりと知りたいと思い、当該団体の人に尋ねてみました。

それによれば、「いったんユニセフに寄付されて、そこから〇〇に集められて、そして……」と、一度説明を聞いただけでは要領を得ない、なかなか複雑なルートをたどるようです。

ついじれったくなったぼくは**「じゃあ、お金がワクチンに変わる瞬間（現場）を見せてくれませんか」**と考えをストレートにぶつけました。

唐突な提案に先方も少し戸惑ったようで、「それは……正式な視察ツアーを介さないと難しいですね」という返事でした。

それでもあきらめ切れず、あれこれ手立てを調べた結果、学生を中心とした海外ボランティアのスタディ・ツアーというものが行われていることを知りました。ぼくは頼み込んでその一行にまぎれ込み、ついにはカンボジアまで出かけることになったのです。

現地でユニセフがワクチンの貯蔵庫をもっているはずなので、運がよければ、そこでレクチャーが受けられるかもしれない——そんな非公式な、確証にも乏しいツアーです。

仕事が忙しいし、危険でもあるからというスタッフの反対意見を説き伏せて、ぼくは身分をあかさず、学生ボランティアたちに交じってカンボジアに渡りました。

現地では大部屋に蚊帳を吊って雑魚寝し、風呂の代わりに水シャワーといった環境での生活です。

いくつかの紆余曲折《うよきょくせつ》を経てやっとたどり着いたのは、「念願」のポリオ（小児麻痺《しょうにまひ》）のためのワクチン貯蔵庫でした。

「これが、みなさんの入場料で寄付されるワクチンです！」

その様子を日本から持参してきたビデオに撮影し、帰国後に開催した実際のイベントで映像を流したのです。

ひとつの冒険が、次の新たな冒険を呼び寄せる

やがて、このことがきっかけで前述のチャリティー団体から、こんどは正式にオ

チャリティ活動の寄付金で行われる
ワクチン予防接種の現場を
見るため、ミャンマーを訪問

ファーを受けることになりました。

じつは、この団体はＪＣＶ（「世界の子どもにワクチンを日本委員会」）という、細川護熙元首相の奥さまである細川佳代子さんが理事長を務めるＮＰＯ法人です。

その奥さまからじきじきに「こんどは、ワクチンをじっさいに接種している現場を見に行きませんか」とお誘いを受けたのです。

場所はミャンマーでした。

当時のミャンマーはまだ軍事政権下にあったため、現地の地方の村に入るのにも機関銃の護衛をつける必要があります。

そうした状況の中、なんとかたどり着いた現場では、治療を怖がって泣き出すミャンマーの子どもたちにぼく自身が直接ワクチンを経口投与するという、貴重な経験にめぐまれました。

考えてみれば、原宿を盛り上げ、元気づけるイベントを企画しなかったら、そして、そこでチャリティー活動の実際の現場を見にいくという提案を思い切ってしなかったら……「ワクチンを巡る冒険」のためにカンボジアやミャンマーまで出かけることもなかったはずです。

けれども、結果的にそのおかげで、ただ日本国内のイベントで「チャリティー活動に参加する」だけではけっして得られなかったであろう、感動や気づきを得ることができました。

当初、原宿のためにと企画したイベントでしたが、「カワイイ」という言葉によっていちばんつき動かされたのは、ほかならぬぼく自身だったのかもしれません。

1歩踏み出してみて、本当によかったと思える貴重な体験でした。

「1歩踏み出す」ことで見えてくるもの

実際に行動を起こすと、それまで見えなかったことが突然見えてくる――その実感は、40代の後半を迎えたいまでも変わりません。

とくに2017年後半から2018年にかけて、2017年度の文化庁文化交流使に選ばれたことも手伝って**「新たな発見」**をする**数多くのチャンス**にめぐまれました。

数週間、数か月ごとにヨーロッパ、アフリカ、アメリカ……と、世界各地を点々と移動しながらトークショーやアートイベント、ワークショップに参加する生活。

各国の空気を生で吸い、文化の違いを肌で感じる中で味わったのは、**自分がそれまでもっていた固定観念を土台からひっくり返しては組み立て直すという、悩ましくも楽しい体験**でした。

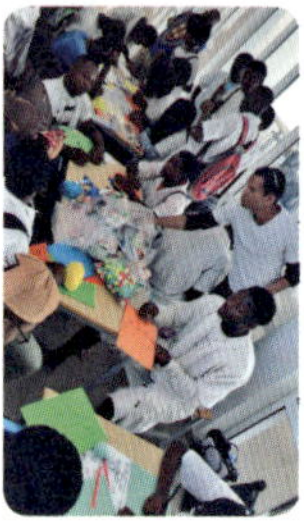

たとえば同じ「ものづくり」でも、アメリカとオランダとでは考え方がまったく異なります。

アメリカでは、その作品が「売れるか売れないか」というマーケティング的な視点にもとづいて価値をはかられることが多い一方、オランダでは、ビジネス的なメリット・デメリット以上に「(それが自分たちの社会にとって)必要か必要でないか」というポイントに周りの注目が集まる。

もちろん、ぼくが滞在した時期や環境がたまたまそうだっただけかもしれないし、どちらがよいわるいという話でもあ

りません。

ただ、**言葉だけなら「欧米」とひとことでくくられることもある2つの国でさえ、ものづくりに対する姿勢がまるで正反対だった——それは、日本にいるだけでは知りえなかった事実でした。**

あるいは生まれて初めてアフリカを訪れたときも、思っていた以上の日本との「距離感の近さ」に驚かされました。

それまでは、よく目にする日本がほぼ中心に位置する世界地図そのままに、アフリカはアジアから遠く離れた最果ての地、というイメージでした。ところが実際に足を運んでみると、日本的な文化との意外なつながりに、印象が大きく変わりました。

その一例が「有田焼」です。

聞けば、現代のような飛行機ではなく、まだ船での移動が主流だった時代、アフリカはアジアとヨーロッパの「中間地点」だったそうです。

そのため、日本とヨーロッパ諸国の間で貿易されていた有田焼が、ケープタウンをはじめとするアフリカの地域に持ち込まれていたというのです。

また、戦国時代には、当時盛んに取引されていた奴隷の中に相当数の「日本人奴隷」が含まれていて、やはり交易の中間地点であったアフリカにたくさん連れてこられていた、という話にも衝撃を受けました。

こうした話は、情報だけなら歴史の本の中で、あるいはインターネットを通じて、簡単に知りうるものかもしれません。けれども、実際に現地を訪れて見聞きした経験から得る気づきというのは、まったく別次元のものです。

いまいる場所を文字通り「1歩踏み出す」ことで、物事の見え方が変わってくる。それまでいた場所が、違って見えてくる。**日本国内では1億2000万人の範囲で考えていたことが、たちまち世界76億人のスケールでとらえられるようになる**わけです。

こうした変化を一度でも味わうと、物事をひとつの側面からだけでなく、さまざまに異なる角度から見る習性が自然と身につき、アイデアや考えの幅がどんどん広がっていくはずです。

「偽りの個性」にだまされてはいけない

世界のさまざまな地域を実際に訪れることができたのは、ぼくの場合、運が味方してくれた部分も大きいと思います。

ただその結果として、最近抱き始めている「ある危機感」があります。

それは、**多くの人たちが追い求める「個性」というものが、ともすれば「コントロー**

ルされた個性」に、知らず知らずのうちにすり替わっているのではないか、ということです。

たとえば、いまやスマホひとつあれば、インターネットを通じて好きなときに好きな場所で、好きなものを自由に選び、見聞きすることができます。

SNS上で自分の考えや行動を思いのままに発信できるし、周囲のほかの人たちの情報もほぼ思い通りに知ることができる。

そこは、少なくとも使っている本人にとって、自分の好みや個性を思う存分発揮することが許された、限りなく自由な空間です。

「コントロールされたくない」「自分らしく生きたい」——そんな思いを抱える若者にとって、ぼくが学生だった時代であれば、毎週末、地元から片道1時間かけて深夜の電車で原宿の街へくり出すことが、自分で選び取ることのできる数少ない手段のひとつでした。

それに近い状況が、いまや部屋の中にいながら、ほとんど足を動かさずしてかなう

わけです。
そう考えると、自分の個性を表現する選択肢や環境というのは、ここ数十年の間にかつてないほどめまぐるしい成長を遂げたという印象を受けます。

「でも、ちょっと待てよ――」

そうした「自由の選択肢」が増える傍らで、「個性を大事にしようよ」といった声が自分の「内側」からではなく「外側」から聞こえてくるいまの状況に気づいたとき、ふと、ぼくの頭にある疑問がよぎりました。
「『コントロールされたくない』気持ちを解決してくれる選択肢がこんなにたくさんあるけれど、そもそもそのツールを用意しているのは、全部大人じゃないか？　結局、**コントロールされたものに乗っかっているうちは、いくら『これが自分の個性だ』と主張したとしても、それは単に『個性じゃないもの』を、そうだと思わされているにすぎないんじゃないか？」**と。

社会のシステムが代謝を重ね、「個人」の力がものを言う時代がすぐそこまで近づいていることを実感するだけに、なおさら**偽りではない個性——自分の「色」——を見つけ、維持することの大切さを痛感した**のです。

どうすれば「自分らしさ」を取り戻せるか

いまでこそカワイイ文化を代表する最先端の街として、国内外から熱い視線を集める原宿ですが、そのポップカルチャーの聖地も、ぼくが店を開いた1990年代なかばころまでかなり野暮ったく、ダサいイメージをともなう街でした（いまの風景しか知らない人は意外に思うかもしれません）。

それ以前は文化の香りのする大人の街という印象だったものが、1990年代に入ると、竹下通りに芸能人の名前を冠したタレントショップが次々とオープンし、商業主義が幅をきかせる、お世辞にもおしゃれとはいえない雑多な街へ変貌していったのです。

それと呼応するようにして、ハイファッションやデザイナーの拠点はみな、青山のほうへ移っていきました。

なので、ぼくが店を出すに当たっても、その場所はおのずと駅から離れた、人気の少ない裏通りの小さなビルの2階や3階などに限定されざるをえませんでした。

逆に、原宿でもそうした〝へんぴ〟な立地であれば、自分たちのようなお金のない若者でも借りられるくらいの空き物件があったのです。

それでもやがて、ぼくと同世代の人たちが個性的な店を開いていくうちに、原宿の裏通りはサブカル的な感性をもつ若い人たちを中心に集客力をもち始め、独特の魅力を放つエリアとして注目を浴びるようになりました。

いわゆる「裏原ブーム」が起こり、若者の店を発祥としたファッションが最先端あつかいされるようになったのもこのころです。

しかし、そうなると必然的にお金の匂いをかぎつけて街に資本が入ってきます。

儲《もう》かると見るやいなや、腕まくりしながらビジネスの話が参入してくるのはいつの時代も変わらない経済原理ですが、その大きな資本が「マス」を商売の対象とすることも、これまたいつの時代も変わりません。

彼らが狙うのはあくまで最大公約数です。そのため、**そこで開く店もあつかう品物もいわゆる「売れるもの」「儲かるもの」へと画一化されていきます。**

そして、その返す刀で個性は邪魔なものとして排除されていく。

人気や流行が人為的につくり出され、広く波及するにつれて、最初のころにあったもの——自由なエネルギーみたいなもの——は失われていきます。裏原宿もその例外ではありませんでした。

ぼくは途中から、マスコミなどがもてはやす「裏原ブーム」を、資本に踊らされた一過性の流行として、冷めた目でながめていました。

土地の値段は急騰して、若い世代にはとうてい手の届かない価格にまで釣り上がっていく。**「原宿らしい」街の外観や精神性といった個性も、「毒」を抜かれて空洞化していく。**

それは原宿という街をお金儲けのために利用してやろうともくろむ人たちが仕掛け

た虚構であり、その虚構は生きるために本当に原宿を必要としている人たちとはまったく無関係に進行するばかりか、彼らを街から駆逐さえしてしまう。

そういう怒りともあきらめともつかない無力感に打ちのめされるようでした。

「個性」はこうして奪われていく

また、街の「概念化」がいっそう進んで、「個性とファッションの街、原宿」というイメージが社会に固定化されていったのも、そのころからです。

イメージや概念の固定化は安定こそ生みますが、一方で、コンテンツの「死」も招きます。そのイメージや概念を生み出した文化自体を窒息させてしまう危険性がそこにはあるのです。

たとえば原宿の歩行者天国が廃止されたとき、あるいは若者のたまり場となっていたラフォーレ前の交差点にあったGAPが取り壊されたとき、ぼくは「ぼくの街」の小さな死を感じました。

もちろん、原宿はいまでも十分に個性的な街ですし、その後20年の間に広まったインターネットやSNSの世代に呼応するように、新たな文化が生まれつつある兆しも感じます。

ただ、そうした一部の希望を除けば、ぼくの目には、商業的な原宿のイメージと抱き合わせでバーゲンセールのように売り出される個性が〝残骸〟のように映ることもあるのです。

批評家であれば、街の移り変わりをこんなふうに客観的に鳥瞰《ちょうかん》するだけですむでしょう。

でも、ぼくは原宿で店を経営している現役のプレーヤーであり、原宿という場所と切っても切れない、カワイイ文化とともに歩んできたという自負もあります。

だから、いまさら第三者のような立ち位置でいることはできません。

資本の流入とともに自由や個性が希薄化され、いまもその傾向が強まりつつある原宿の街に、当事者の1人として責任を感じるからです。

したがって、**できることなら、商業化によってかえって失われてしまった、かつての生気、息吹《いぶき》やスピリットを、再び取り戻したい……いや、取り戻すだけでなく、新しい時代に向けてもっともっとアップデートしていきたい**——そう考えています。

心をいつもカラフルに

画一化の波に翻弄されながら暗躍を続ける「偽りの個性」に一石を投じようと、2017年、ぼくは新たなファッションブランドをスタートさせました。

「6-D Sebastian Masuda」と名づけたこのブランドの最初のコレクション「Noise it Colorful.」のショーでは、従来のいわゆる「増田セバスチャン＝カワイイ」から連想されがちなカラフルさやポップさを封印し、廃墟《はいきょ》のような空間で、ビニールなど工業製品を思わせる素材を用いたデザインを発表し、「内面の多様性」を表現しました。

東京オリンピックに向けて商業施設が次々と建てられていく原宿の街と、そこにまるでスーパーの安売りシールのようにベタベタと貼り付けられる「カワイイ」のビジュアル。

そうした光景を目の当たりにしながら、**「いまの在り方が唯一の正解ではない」という、別の角度から疑問を投げかけていく視点を失ってはいけない**――そう強く感じたのです。

これまで、６％ＤＯＫＩＤＯＫＩでもカラフルでポップな「カワイイ」ファッションを数多く打ち出してきましたが、**ぼく自身「カワイイ」に見た目の「カラフル」さが必須の要素だと思ったことは、じつは一度もありません。**

もちろん、実際に店頭に並ぶグッズは見た目にもにぎやかなものが大半であり、それに惹かれるファンやお客さんの多くもまた、やはりそれに類するビジュアルのファッションに身を包んでいます。

けれども、**ぼくが本質的な部分で大事だと考えるのは、外見ではなく、むしろ自分自身の内面、つまり「心」をカラフルに保てているかどうか、なのです。**

自分の「色」をかき乱せ

あえて極端な言い方をすれば、見た目の装いがカラフルだろうと、白黒中心のモノトーンな色調だろうと、大した違いはありません。

心が、コントロールされた枠に閉じ込められたまま停滞している間は、いつまでもそれは個性――本当の自分らしさ――にはなりえないからです。

ぼくは「6-D」のショーの会場で、次のようなメッセージを載せたリーフレットを来場者に配りました。

「親愛なるオトナの皆様へ
ぼくらの憧れた未来は、もっとハッピーで色とりどりの世界だった。
オトナになるっていうのは、確か、自由を手に入れることだったよね？
誰かのコントロールで作られた個性なんて、
大量に作って吐き捨てられるチューインガムのようなもの。
どこかで歪んだ未来がやってきた。

今こそ叫ぼう
自分をかき乱せ」

「自分をかき乱す」――すなわち、視点を変えたり、1歩を踏み出したりすることによって、自分自身を変化させ続けることこそが、心の中をカラフルに保ち、ひいては自分だけの「カワイイ」を体現する最適な方法なのです。

「ゴール」にはたどり着かなくてかまわない

ぼく自身、これまでの人生をふり返ってみると、周りから「あなた、こうですよ」と決めつけられたことに対して「いや、違う」「そうじゃない」と言って自分自身の正解をかい、い、い、き乱しては、自ら納得できる答えにたどり着くまで試行錯誤することのくり返しでした。

単なるあまのじゃくだと言われれば、その通りかもしれません。

ただ、**そうして何度も視点を変え、納得してはくつがえし、また次の疑問を投げかけ、その答えを探しに出発する……という体験を重ねる中で、ようやく少しずつ、自**

分と真正面から向き合い、自分で認めることのできる本当の「色」が見えてきたことは、まぎれもない事実です。

こうした自分の色を「かき乱す」作業は、当然、40代の後半を迎えたいまもまだ終わりを迎えることはありません。

アートディレクター、大学教授、劇団員、アーティスト、学生、無職、文化庁文化交流使……これまでさまざまな立場を通じて、さまざまな時と場所で、さまざまに自分の色を追究してきました。

けれども、そのどれもがまた次の色を探しにいくための、着地点にして出発点に過ぎない、と感じるのです。

もしかすると、これは死ぬまでゴールにたどり着くことのない旅かもしれない。

でも、それでかまわない、むしろ、そうあるべきだというのが、いまの等身大の思いです。

それは、世界にたったひとつだけの――

最近、原宿を訪れる人たちを見ていて感じることがあります。それは**ここ10年の間に、彼らの「カワイイ」との向き合い方に変化が出てきた**、ということ。

たとえば2007年ごろの「カワイイ」ファッションの中心にいた若者たちは「雑誌で紹介されているスタイル」をそのまま真似《まね》するように取り入れるのが主流でした。

一方で、最近の原宿を訪れる若者たちは、そうしたアイコン的なファッションを参考にしながらも、どんどん「自分流のアレンジ」を加えて、独自のスタイルを自由につくりあげていくのです。

ぼくはその変化を何か言葉で説明できるようにしたいと思い、**前者を「第1世代」、後者を「第3世代」（間の過渡期に属する層は「第2世代」）と区分して呼ぶようになりました。**

もちろん、世代によって単純な線引きができるわけではなく、ただ、この期間の前後を比べたとき、少なくとも「カワイイ」との向き合い方という点で小さくないギャップが生じているのです。

「第1世代」の子たちは、おもに雑誌に載っているようなスタイルを好み、**「カワイイとはこういうもの」といった具体的なアイコンを手がかりに、いわば〝お手本通り〟のファッションを踏襲する**傾向にあります。

一方、最近存在感を示してきている**「第3世代」**の子たちは、たとえば1970年代や1990年代といった、**かつてのトレンドを部分的に取り入れながら、それらを自分の好みにミックスして、特定の「カテゴリ」に属さない、リアリティあふれるスタイルを体現してみせる**のです。

その自由な姿勢は、かつて「デコラ」や「ロリータ」「ゴスロリ」などのカテゴリ名で分類された〝様式美〟的なファッションとは一線を画し、根本にある、いわば〝スピリッツ〟の部分をみずからの表現手段として引き継いでいるように見えます。

こうした状況をまざまざと目にして、真っ先に共感を覚えたのは、ほかならぬぼく自身でした。

というのも、一定のスタイルにこだわるあまり「あのころはよかった」などと懐古的に歩みを止めたり、それらを「保守的」と頭ごなしに否定したりするのではなく、リスペクトをもって、ほどよい距離感で既存のスタイルを自分独自の「色」に塗り替えていける――そんな姿勢は、まさに自分が描く理想のひとつだったからです。

「カワイイ」に「こういうものじゃないといけない」といった固定的なスタイルはありません。根底に流れる精神性が受け継がれていきさえすれば、その表出はどんな形や色であってもかまわない。

その根源的なメッセージが浸透したときにこそ、だれもが自分の中に「世界にひとつだけの『カワイイ』」を見出し、新たな自分らしさを表現していけるのかもしれません。

色をまとい、
町へ出よう

EPILOGUE

「20年後の未来」はどんな色をしているか？

「20年後の未来」はどんな色をしているか？

じつは、冒頭で紹介した「タイム・アフター・タイム・カプセル」のプロジェクトでいま、当初の想像とはまったく異なる「意外な反応」が続々と返ってきています。

それを象徴するのは、参加した人たちが一様に口にする**「元気になった」「パワーをもらえた」という感想の声**です。

このプロジェクトは、キャラクターの形をした透明の巨大なカプセルを街中に設置して、その中にたくさんの人から自分だけのカワイイもの、特別な思い入れのあるものを入れてもらい、近未来に届けようという、一般参加型のアート作品——そう説明しました。

その際、「カワイイもの」と一緒にカラフルにデコレーションした「20年後の未来

に向けたメッセージ」も入れてもらうようにしているのですが、そこに書かれている内容が、ほぼ例外なく、希望に満ちあふれたポジティブなものなのです。

だれしも、未来に対してネガティブな思いを託したくないのは当然かもしれません。ただ、参加した人たちが口をそろえて「(プロジェクトに参加するだけで) 元気になる」と言うのを目の当たりにして、そうした理由だけにとどまらない、「カワイイ」の放つ影響力の強さをあらためて感じさせられました。

1人ひとりがお互いの「カラフル」を許容し合う

このプロジェクトの参加者は、世代も、性別も、人種も、国籍も、宗教も、みなバラバラです。 その人たちが、同じ「カワイイ」というキーワードを基軸に未来へのメッセージをしたため、自分の思い入れのあるものと一緒にカプセルの中に入れる。

そこでは「サッカー選手になりたい」などといった将来の夢を書く子どももいれば、

「世界平和の願い」を託すお年寄りもいます。

あるいは、マイアミの会場でとりわけ印象的だったのが、4歳くらいの女の子が（事情はあとから知ったのですが）数日後に心臓の手術を控える兄の無事を祈って「将来この手紙をお兄ちゃんと一緒に見られますように」と、手紙を大事そうにカプセルに入れる光景でした。

このようにして、ときに願掛けのようにしてカプセルに入れられる「カワイイもの」たちは、デコレーションの素材こそ会場に用意されたラッピング用品やクラフトグッズですが、**できあがったものを見ると、不思議とそれぞれに違った個性あふれるカラフルさを放っています。**

それらがキャラクターの形をしたカプセルの中に集められた結果、またもとの「カワイイもの」たちとは様子の異なる、参加者の思いを内包したひとつの作品に仕上がるわけです。

ぼくは、このプロセス自体に、もしかすると「元気になる」という反応が寄せられる大きな理由が潜んでいるのではないか、と感じました。

1人ひとりの思い入れが込められたカワイイものたちが、それぞれのカラフルさを保ったまま一堂に集められ、新たな1個のカワイイものになる。

できあがった作品もまた、もとのカワイイものとは異なる、独自のカラフルさを放つようになる。

その光景がまるで、個々がそれぞれの特性を持ち寄ってひとつの大きな全体をつくりあげるという、理想的な社会の縮図を表しているようにも思えたのです。

「カワイイ＝自分の中の小宇宙」という定義に立ち返るなら、それぞれ異なる色に輝く星々が集まり、やがてひとつの調和した美しい銀河系を形成する、そんな鮮やかなイメージになぞらえられるかもしれません。

ぼく自身、これまでの人生をふり返ると、いちばんつらい時期に抱えていたのは「自分が心から面白いと思うことを、周りから認めてもらえない」苦しさでした。

だから、反発したり、迷ったり、投げ出したりをくり返して、それでもいつまでも心落ち着く場所を見つけられないという葛藤から抜け出せずにいたのだと思います。

周りから認めてもらえないからと、自分を捨てて偽りの色をまとうことは苦しさをともないます。

また一方で、自分の色を貫きたいがために、周りとうまく折り合えず、居場所を失うこともまた、苦しさをともないます。

そうした背景を想像すればするほど、「インディビジュアル（個人）」がそれぞれの色を表現しながら、お互いの色を許容し合い、カラフルな「ソーシャル（社会）」を形成する――そのひとつのあるべき姿を、「タイム・アフター・タイム・カプセル」が期せずして見せてくれたように思えてなりません。

つまらない毎日を「カワイイ」で塗り替えよう

ぼくは結局、できるだけたくさんの人に「色」を取り戻してもらいたいのです。

自分の好きなものを深く掘り下げて、自分だけの色や世界を構築してもらいたい。

その個人が集まって、自分を失うことなく、互いを許容し合っていけば、それが時代を動かし、世界を変えていく小さな始まりの1点になると思うからです。

文化やライフスタイルなどと、大げさに考えて身構える必要などありません。きっかけは遊びや趣味感覚でもいいし、いっときの現実逃避でもいい。それだけで、色彩に乏しかった日常がにわかに明るみを帯び、これまで知らなかった未知の扉が自分の中で少しだけ開くのを感じられるはずです。

そうやって見えてくる「色」――世界にひとつだけの「カワイイ」――は、「これがいちばん」という最大公約数、「こうなるしかない」という予定調和、「こうあるべきだ」という固定概念に静かな揺さぶりをかけ、あなたの中に眠っていた感覚を新たに呼び覚ますきっかけともなってくれるでしょう。

今日が何かとうまくいかない、色あせた1日だったなら、明日の服装にこれまでの自分が選ばなかった色を持ち込もう。

つまらない毎日の壁を、新しい色で塗り直してみよう。

「自分だけの色」をまとって、ワクワクとドキドキの感動を胸に、1歩を踏み出し、町へ出よう。

いまの生活に生きにくさ、息苦しさを感じているあらゆる人に、ぼくはこれからも飽くことなく、そういうメッセージを送ります。

世界中のだれのもとにも、それぞれにハッピーでカラフルな未来がやってくることを願って……。

あとがきに代えて

じつは、この本を出版するにあたり、最初に企画が立ち上がってから10年近くもの歳月が流れました。

ある熱心な6%DOKIDOKIのファンの女性が、出版社の編集者の方を紹介してくださったことが、この本のそもそもの出発点です。


しかし、本というものは、なぜか出したくても出せないもので（言い換えれば、出せるときはすぐ出せるのですが）、発売のタイミングを逸したり、関係者が諸事情で入れ替わったりと、何度も企画自体が立ち消えかかり、それでもようやくこうして本というカタチにできる運びとなりました。

その間、自分にとって大きな変化のきっかけをもたらした東日本大震災があり、きゃりーぱみゅぱみゅのデビューがあり、6%DOKIDOKIだけでなくアートディレクターとしての仕事が増え、大学の客員教授のお話もいただき、文化庁から文化交流使にも任命を受け……いまもなお、リアルタイムで自分自身の状況は変わり続けています（この文章も、おそらく「最後のチャレンジ」の場所になるであろう、アメリカのニューヨークで書いています）。

そして〝ＫＡＷＡＩＩ（カワイイ）〟を取り巻く状況もまた、目まぐるしく変化しています。

ちょっとしたブームになれば、やれ乗っかれといわんばかりに、何にでもこの呼称をつけてビジネスにしては消費して、時期が過ぎたら使い古した言葉として切り捨てて……。

この日本で生まれ、脈々と時代を越えていろんなカタチで先輩たちが積み上げてきた、ある意味、自分を自由に解き放つことのできる、こんな時代をサバイバルするための〝哲学〟にまで昇華した〝ＫＡＷＡＩＩ〟という概念を、一過性のブームとして過去の遺物にしてはなるものか！　――そう思ったのが、この本を出すことにしたもともとの動機でした。

今回、この本を出すに当たり、ひとつだけ出した「条件」があります。

それは「海外で翻訳版を出版すること」です。

数年前から、ぼくのところには「卒論や研究発表にとりあげたいから、インタビューさせてほしい」といった主旨のメールが、世界中からたくさん寄せられてきています。

そして最近では、世界中でムーブメントとなっているこの〝ＫＡＷＡＩＩ〟をめぐる現象や日本の歴史への関心と相まって、「増田セバスチャン」の活動を研究してくれている大学や博物館もたくさんあるということも知りました。

もちろん、それ自体はありがたいことなのですが、残念ながら、それらすべてに対して、時間を作って応えることができないのが現状です。

だからこそ、この本が英語をはじめ海外の言語に翻訳されることで〝ＫＡＷＡＩＩ〟

に対するさまざまな疑問に答える、教科書的存在になることを願っています。

本を書くこと。

それはぼくにとって、自分の言葉を世の中に知ってもらうというポジティブな行為であると同時に、それによってこれまでバランスが保たれていた、たくさんのものを失うという怖い行為でもあります。

それでも、この本を世に送り出し、言葉を紡ぐことで、世界中の人たちに〝KAWAII〟の存在を知ってもらい、「昨日までの自分」では見ることができなかったような未来を切り開くことのできるキーワードのひとつになるなら、こんなに嬉しいことはありません。

まわりまわって、このことが我々日本の人たちの来るべきカラフルな未来への自信と誇りにつながっていくはずです。

だからこそ、この本が世の中に出るべきタイミングは10年前ではなく、「いま」のこの時代にこそ必要だったのだと、信じています。

最後に、今回の出版にあたり、帯のコメントを快く引き受けてくれた歌舞伎俳優の市川海老蔵さんに深く御礼申し上げます。

また、ここまでの長いみちのりを、飽きずに根気強くついてきてくれた担当編集者の平沢拓さん、ぼくのアシスタントの北村美佳、そして、日頃からぼくを応援してくれている世界津々浦々の人たちに、心から感謝申し上げます。

ブックデザイン　井上新八
イラスト　須山奈津希
写真　©GION（p.45 左上／p.57 上）
©2014 SANRIO CO., LTD. TOKYO, JAPAN（p.61）
©Electric Alice（p.93 右）
©Tokyo Fasion.com（p.93 左下）
©Hiroshi Ito（Jonny）（p.245 上）
©Takashi Morioka（p.245 下）
DTP　天龍社
編集協力　大隅光彦
株式会社ぷれす
協力　アソビシステム株式会社
編集　平沢拓（サンマーク出版）

著者経歴

増田セバスチャン
Sebastian Masuda

アートディレクター／アーティスト。6%DOKIDOKI プロデューサー。京都造形芸術大学客員教授、ニューヨーク大学客員研究員。平成 29 年度文化庁文化交流使。
1970 年千葉県生まれ。演劇・現代美術の世界で活動した後、1995 年に "Sensational Kawaii" がコンセプトのショップ「6%DOKIDOKI」を原宿にオープン。2009 年より原宿文化を世界に発信するワールドツアー「Harajuku "Kawaii" Experience」を開催。
2011 年きゃりーぱみゅぱみゅ「PONPONPON」MV 美術で世界的に注目され、広告や商品のアートワーク、映画監督、コンセプトレストラン「KAWAII MONSTER CAFE」のプロデュースなど、原宿文化、Kawaii（カワイイ）文化を基軸に活動。2014 年に個展「Colorful Rebellion -Seventh Nightmare-」をニューヨークで開催したことを機に海外でのアーティスト活動を本格化。2017 年には文化庁文化交流使に就任し、翌年にかけて世界各地で講演会・ワークショップを開催する。現在、参加型アートプロジェクト「Time After Time Capsule」を 2020 年までに世界 10 都市での開催を目指して展開中。

公式ウェブサイト　http://m-sebas.asobisystem.com/

本書の感想や“心に響いた言葉”をお寄せください。
Twitter で「# セカカワ」をつけてつぶやいていただけると幸いです。
また、弊社ホームページ（https://www.sunmark.co.jp/impi.php）でも
ご投稿お待ちしております。

（※リンク先は予告なしに変更される場合があります。あらかじめご了承ください）

世界にひとつだけの「カワイイ」の見つけ方

2018年　6月 5 日　初版印刷
2018年　6月15日　初版発行

著　者　増田セバスチャン

発行人　植木宣隆
発行所　株式会社サンマーク出版
東京都新宿区高田馬場 2-16-11
（電話）03-5272-3166

印刷・製本　株式会社暁印刷

ISBN978-4-7631-3489-9 C0030
ホームページ　http://www.sunmark.co.jp